뭐 어때

뭐 어때

| 더 늦기 전에
| 하고 싶은 일 해보는 거야

글 · 사진 **장윤정**

바른북스

목차

2024년 3월 런던

1. 런던 도착 ······ 8
2. 내셔널 갤러리 ······ 11
3. 테이트 브리튼 ······ 14
4. 옥스퍼드 ······ 18
5. 리치먼드 파크 ······ 22
6. 에어비앤비 숙소 ······ 25
7. 월리스 컬렉션 ······ 28
8. 세븐 시스터스 ······ 33
9. 영국 박물관 ······ 39
10. 첼시 피직 가든 ······ 42
11. 여행 계획 ······ 47
12. 국립 초상화 미술관 ······ 50
13. 빅토리아 앤 앨버트 박물관 ······ 54
14. 햄프턴 코트 ······ 59
15. 큐 가든 ······ 64

2024년 4월 베를린

1. 베를린 도착 · · · · · · 70
2. 베를린 1 · · · · · · 73
3. 베를린 2 · · · · · · 79
4. 마그데부르크 · · · · · · 82
5. 드레스덴 · · · · · · 87
6. 박물관들 · · · · · · 92
7. 포츠담 · · · · · · 99

2024년 4월 뉘른베르크

1. 뉘른베르크 도착 · · · · · · 108
2. 뉘른베르크 · · · · · · 111
3. 뒤러 · · · · · · 118
4. 뮌헨 · · · · · · 122
5. 나치 · · · · · · 127
6. 로텐부르크 · · · · · · 133
7. 뷔르츠부르크 · · · · · · 138

2024년 3월
런던

1. 런던 도착

　후훗…. 런던이야.
　밤새 뒤척이다 어찌 잠들었는지, 깜짝 놀라 눈을 뜨고 보니 진짜 런던인 거야.
　창문을 열어보니 축축한 공기와 흙냄새, 꽃 냄새, 넓은 잔디밭과 큰 나무들, 건너편엔 붉은 벽돌집들이 줄지어 서 있어 정말 BBC 드라마 속으로 들어온 듯해.

　어젠 정말 고생했어.
　히스로 공항에서 볼트 기사와 위치를 잘못 잡아 찾느라 헤매고, 구글 주소를 들고 찾아온 집은 에어비앤비가 아니라는 거야. 택시 기

사는 맞다고 가버리고, 숙소 주인과도 연락이 안 되고, 나는 비 오는 어두컴컴한 교외 주택가에 황당해하며 서 있었어.

마침 지나가는 남자에게 주소를 보여주며 물었더니 너무 당연하게 "이쪽이야." 하며 길 왼편이라는 거야. 그쪽으로 건너가 집집마다 주소를 보며 다녔는데 아니라고 하네. 모르면 가만히 모른다고나 할 일이지 왜 아는 척이냐구.

한참 만에 어찌어찌 연락이 된 집주인의 지시대로 집을 찾고, 디지털 도어락으로 현관문을 열고, 불도 안 켜진 캄캄한 집 2층 내 방으로 큰 가방을 끌고 올라와 안도감에 쓰러질 뻔했어.

근데 지금 이 방은 어젯밤 묵은 방의 느낌과는 전혀 다르게 뽀송하고 폭신한 높은 침대와 꽃무늬 벽지가 있어서, 포근하고 화사하고 좋아. 아래층에 내려가니 예쁜 금발 미녀가 반겨주는데, 노르웨이 여학생이야. 영화 전공 유학생으로 장기거주 중인데, 이 친구가 동네 구경시켜 준다고 해서 따라나섰다가 커다란 마트에서 장을 봐왔어. 마트 물가가 얼마나 싼지 보면 놀랄 거야. 덕분에 이후로 매일 엄청 사치스러운 아침 식사를 즐길 수 있게 되었어.

  계속 비가 오고 앞으로도 며칠 더 계속 비가 온다기에, 집에 있으면 뭐 해. 시차 극복도 하고 런던 공기도 마시려 집 바로 앞에 있는 리치몬드 파크라는 넓은 공원을 찾아갔어. 비가 오는데도 자전거 타는 사람이 많더라. 나도 비를 맞으며 넓은 공원을 두 시간 정도 걸었어. 이렇게 흥미진진 런던 살이를 시작했다네.

2. 내셔널 갤러리

　천천히 아침을 먹고 2층 버스를 타고 굽이굽이 돌아 내셔널 갤러리로 나섰어. 도로는 좁고 구불구불한데, 2층 버스는 좁은 골목길로도 뱅뱅 돌고, 버스 안의 사람들은 왜 그리 말이 많고, 전화들은 어찌 그리 오래 하는지, 소음이 상상 초월이었어. 도대체 전화로 20여 분씩 무슨 말들을 그렇게 하냐구. 하여튼 진짜들 말 많아. 일부러 지하철을 안 타고 버스를 타고 가자니, 뱅뱅 구불구불 시끌시끌 난리였지만, 일단 내셔널 갤러리까지 갔어.

　어차피 전체를 다 자세히 볼 수는 없었으니 미리 받아간 오디오 가이드와 내가 좋아하는 작가들에 맞춰 작품들을 보고 있는데, 배철수 아저씨를 보았어. 내가 워낙 〈배철수의 음악캠프〉의 수십 년 찐팬이라 가슴이 철렁했지만, 부인과 휴가를 즐기시는 듯해 교양 있게 모른척하려 했어. 그러다 도저히 참을 수 없어서 살짝 인사드렸지. 얼마 전에 수서역에서 난생처음 핸드폰으로 신청곡을 보냈는데, Led Zeppelin과 Mozart는 동격이라고 유권해석까지 해주며 신청곡을 틀어주셨던 일도 있었거든.

내가 길에서 우연히 연예인을 만났을 때 꼭 감사 인사 드릴 분은 배철수 아저씨와 나문희 선생님일 것 같아. 호칭이 너무 웃기지만 달리 마땅한 호칭을 못 찾겠어. 이럴 때 우리말 너무 어려워. 하여튼 그런 분을 우연히 만났으니 정말 감사하지요.

난 미술 이론이나 지식 전혀 없이 순전히 내 느낌으로만 좋아하거든. 좋아하는 그림도 많지만, 관심 없는 그림도 많아서 정말 다행이야. 좋아하는 작가의 작품 앞에서는 설명 꼼꼼히 읽고 그림도 구석구석 천천히 들여다보곤 하는데, 시간이 무척 오래 걸려.

고맙게도 히에로니무스 보스(1450~1516, 네덜란드)의 그림을 만나게 되어 시간이 무척 걸렸어. 이분은 600년 전의 시대라고 생각할 수 없게 정말 특이한 그림을 많이 그리셨잖아. 인간의 악덕과 낙원, 지옥 등을 공포스러우면서도 매혹적으로 수수께끼처럼 그리고 있어 흥미진진해. 이런 분들을 만나서 이야기 듣고 싶어.

「가시면류관을 쓴 그리스도」라는 이 그림은 흰옷을 입은 그리스도께서 네 명의 고문자들에게 둘러싸여 있는 상황이야. 저 교활하고 탐욕스러우며 야비한 고문자들의 표정과 다른 세계에 있는 것처럼 무심하면서 평온하고 차분하게 우리를 보고 계시는 중심인물 그리스도의 대비가 아주 대조적이야.

난 언제부터인가 아름답고 따뜻한 그림보다 이렇게 한 명씩 등장인물들의 표정이나 감정을 읽어보게 만들어 말소리가 들리는 것 같은 그림이 좋더라. 말풍선이 숨겨져 있는 것 같잖아.

다시 생각하니, 모든 그림이나 음악은 자신의 이야기를 하고 있는데 내가 못 알아듣고 있는 게 아닌가 싶어. 나 자신이 특정 필터를 장착하고 있어 특정 작가들의 이야기만 내 마음에 들어오는 것 같은데, 어쩌겠어. 어차피 다른 필터를 가진 사람은 다른 작가들의 이야기를 듣겠지.

유명인의 초상화 앞에서는 설명을 읽고, 머릿속 얕은 역사 지식과 조립까지 하느라 무척 피곤해. 중간에 머리가 아파서 나와버렸는데, 걱정이 없어. 한 달이나 있을 테고, 무료니까 몇 번이고 더 와서 중간부터 보면 되니까. 좋아 좋아. 그래서 또 구불구불 뱅뱅 시끌시끌 버스 타고 돌아왔어. 날씨는 세 번 정도 변덕을 부리셨어.

3. 테이트 브리튼

　구글 지도를 보고 테이트 브리튼부터 테이트 모던까지 강 따라 걸으며 이 다리 저 다리 건너보는 계획으로 나섰어. 미리 지도로 살펴보니 대략 8km 정도더라구. 뭐, 그쯤 걷는 건 아무것도 아니지.
　역시 버스를 타고 가는데, 두 정거장 정도 가더니 내리라네? 옆 사람에게 물어보니 어깨만 으쓱하고. 하여튼 내려서 다음 버스 타고 교외를 달리는데, 도대체 벽돌집들이 왜 이리 이쁜 거야. 그저 벽돌에 한두 가지 재료를 더한듯한데, 전체적으론 비슷하지만, 조금씩 다른 벽돌집들이 너무 예뻐서 그 구경을 하느라 버스를 포기 못 하겠어. 게다가 날은 추운데 벚꽃, 목련, 수선화 등이 마구 피기 시작해 어우러진 풍경이 너무 예쁜 거야.

근데 런던 버스 기사들은 정말 대단한 것 같아. 높은 버스로 그 좁은 길에서 어찌 그리 코너링을 잘하시는지 말이야. 2층 제일 앞에 앉아 내려다보면 정말 아슬아슬하더라. 지하철 타면 빠르고 편하겠지만, 난 버스가 너무 좋아. 일부러 돈 내고 시티 투어 버스도 타잖아. 2층 앞자리에 앉아서 내다보는 광경이 너무 좋아서 아무리 막히고 오래 걸려도 버스를 포기 못 하겠어. 게다가 난 또 시간도 많잖아. 그런데 그 이쁜 2층 빨간 버스가 중국제 BYD가 많아서 살짝 충격받았어.

테이트 브리튼은 처음 가보는데, 별 기대를 안 했었는데, 역시 무식해서 몰라서 그랬던 거야. 난 Turner나 Constable 같은 화가엔 관심도 없었거든. 라파엘 전파도 새삼 멋지게 보이고, 기분이 좋아서인지 눈의 발전 덕분인지 변덕인지 하여튼 현재 스코어 다 멋지다!

언제나 낯선 전시장을 돌아다니다 보면 갑자기 눈에 확 들어와 마음을 끄는 그림이 있더라. 여기서도 그런 경험을 했는데, 올리버 트위스트를 연상시키는 초췌한 소년이 처벌을 받게 될까 봐 걱정하며 마음 졸이는 모습이 너무 안쓰러워서 마음이 계속 쓰여서 몇 번이나 돌아가 다시 보았어. 이 화가가 낯설어 찾아보니 막상 화가에 대해서는 많은 정보가 없고, 남편이 스

His First Offence 1896
Dorothy Stanley(1855~1926)

탠리 경으로 어릴 때 책에서 읽었던 아프리카를 탐험해 리빙스턴을 만난 탐험가였어. 오호, 멋진 부부일세.

여기저기 몇 시간 열심히 들여다보다, 다시 올 생각으로 나왔어.

강변을 걸으려니 바람에 날아갈 듯싶어 웨스트민스터 쪽으로 한가하게 걸어보려 했는데, 바람에 두손 두발 다 들고 집으로 돌아왔어. 도대체 이 나라 날씨는 왜 이런 거야!

4. 옥스퍼드

오늘은 현지 투어를 통해 근교에 갔어. 경관이 아름답기로 유명한 Cotswold와 Bibury와 Burton on The Water라는 곳인데, 대중교통으로 가기는 쉽지 않은 곳이라 투어로 편하게 갔어. 아름다운 구릉과 목초지대를 두 시간 넘게 달려 찾아간 그곳들은 현실 세계를 벗어나 호빗들이 평화롭게 살듯한 곳이었어.

영화 같은 작은 베이지색 돌집들이 한가하게 개울가에 줄지어 있고, 백조 같은 새들도 노닐고. 뭐야, 여기는 중간계야? 비현실적 생각이 들더라구.

오랜만에 해가 났지만, 어찌나 추운지. 정말 이 나라의 날씨는 도

대체 왜 이런 거야.

마지막으로 옥스퍼드 대학에 들렀는데, 너무 익숙한 이름이라 괜히 별거 아닌 줄 알았더니만, 설명을 듣고 나니 하도 힘들 것 같아서, 주변에서 누가 이 대학 간다고 하면 말리고 싶더라.

그러나! 내 최고 사랑 〈반지의 제왕〉의 톨킨(1892~1973)의 집무실 앞에도 가보고 그의 산책길도 따라 걸으며 진심 감사했어. 게다가 또 내가 좋아하는 〈나니아 연대기〉의 C. S. Lewis(1898~1963)도 같은 시기에 교수로 재직하며 친구로 지내셨다니 참 신기해.

〈반지의 제왕〉과 〈나니아 연대기〉는 인물이나 환경이 서로 비슷한 게 많은 것 같아. 헤링본 재킷을 입고 손에 파이프를 든 두 분이 만

나서 위스키 한 잔 앞에 놓고 독특한 영국 억양으로 "자…. 호빗이라는 건 말일세…." 하면서 서로 상상의 얘기를 주고받지 않았을까. 얼마나 재미있었을까. 나도 옆자리에서 얘기를 들을 수만 있다면! 그야말로 '미드나잇 인 런던'이 되겠지.

또한 《이상한 나라의 앨리스》의 루이스 캐럴(본명: Charles Lutwidge Dodgson, 1832~1898)도 같은 옥스퍼드 교수였으니, 정말 신기해. 왜 이 대학의 인문학 교수들은 판타지를 그리 좋아했을까. 영국 사람들이 뭔가 상상력이나 창의력이 뛰어난 것 같아. 그렇지만 버스나 지하철에서 보면 정말 옷은 아무렇게나 입더라.

만약 내가 영국에서 태어났더라면 당연히 옥스퍼드는 못 갔겠지만, 10대에는 에릭 클랩턴이나 로버트 플랜트 같은 가수들을 따라다니며 질풍노도의 시간을 보내고, 20대엔 터프한 경찰이 되어 나쁜 놈들 때려잡거나, 때려 맞거나 했을 거야. 혹 은행 강도라도 되었을지 모르지. 뭐, 상상이야 뭘 못 해.

5. 리치먼드 파크

아침 5시면 어김없이 종알대는 새들이 날아와 노래하곤 해. 뭔가 합창이라기엔 소박하며 경쾌하고, 중창이라기엔 너무 다채롭고. 그런데 신기하게 미리 파트를 나누어 연습이라도 하는 듯 화음이 하나도 튀지 않고 어찌 저리 예쁜 소리로 조화롭고도 각자 다 뛰어나게 노래를 하는지 몰라.

오늘도 비가 종일 온다는 예보에 빈둥거리다 동네 산책을 나갔어. 이 집은 마치 내가 주인 같아. 주택이 무척 큰데, 주인은 여행 중이고, 학생은 아침부터 밤까지 학교에 있으니 나 혼자 넓은 아래층 부엌 거실을 마음대로 쓰고 있어. 4, 5일 되니 동네도 마트도 익숙해지고 편해져서 정말 이 동네에 사는 것 같아.

일단 공원을 걷는데, 비가 살금살금 내리는데도 달리기, 자전거, 유모차 산책, 강아지 산책시키는 사람들이 진짜 많아 신기해. 나도 뭐 우산도 안 갖고 모자만 쓰고 심드렁한 얼굴로 걸었으니까, 남들도 나를 이곳 주민으로 보려나?

비가 그치니 사슴들도 나와 놀고, 말 타고 다니는 사람들도 있고 정말 신기한 풍경이 계속되네. 공원 속에 있는 이사벨라 플랜테이션이라는 아름다운 정원까지 보러 갔는데, 동백과 만병초와 목련이 같이 피어 있는, 내 상식으론 이해가 안 되는 광경이야. 커다란 자주색 꽃이 가득 핀 커다란 나무엔 이쁜 초록빛깔 새들이 어쩌나 많이 날

아드는지, 무슨 영화 〈아바타〉 같아.

 마주치는 사람들과 세련되게 눈인사하며 한참 걷고, 며칠째 계속 출근하는 마트에 가서 아스파라거스와 아보카도, 토마토, 치즈, 루콜라, 연어, 새우, 피스타치오, 사워도 빵을 샀어. 품목도 우아하지? 근데 30파운드 정도야. 믿어져? 다른 데 안 가고 마트만 다녀도 이번 여행 성공이라니까.

6. 에어비앤비 숙소

엊그제 아침에 집주인과 처음 만났어. 너무 웃기지? 그동안 나 혼자 내 집처럼 사용했잖아. 집주인은 인도 여성인데, 평생 듣도 보도 못한 캐릭터야. 50대의 쾌활하고 친절한 이 분은 U.N에 장기간 근무하다 퇴직한 분인데, 5, 6개국 언어를 하고 무척 적극적으로 인생을 즐기는 분이야. 수단, 레바논, 아이티, 라이베리아 등 온갖 위험한 곳에서도 생활해서 겁도 없고 낙천적이며 댄스파티를 즐기고, 또한 오토바이를 타고 다니는 모험가야.

이 친구가 한국 음식을 좋아해서 같이 김치나 불고기를 만들어 보려 아시안 마트에 갔어. 마트 직원과 한국말로 얘기했는데, 중국사람 같았어. 우리는 대충 한국인과 일본인과 중국인을 구별할 수 있다니까 엄청 신기해하더니, 사실 자기들도 인도, 파키스탄, 방글라데시사람들을 구별할 수 있다 해서 나도 깜짝 놀랐어. 어떻게 구별하지? 신기해.

또 다른 가족 멤버는 영화 공부하는 노르웨이 학생이라 영화에 미친 나랑 얘깃거리가 많았어. 취향이 비슷해서 〈피키 블라인더스〉나 〈시카리오〉, 〈워킹 데드〉를 좋아하고 〈바이킹〉과 〈로스트 킹덤〉의 차이점 등 얘깃거리가 풍부했어. 지금 각본을 쓰고 있는데, 교수님이 로맨스를 좀 넣으라 해서 걱정이라고. 북유럽과 극동아시아에서 온 여자 둘이 런던에서 만났는데, 살벌한 영화를 좋아하는 취향이 똑같은 거야. 나이도 40여 살 차이 나는데, 넓은 세상엔 신기한 일 천지야.

같은 취향을 가진 사람을 만나는 일이 얼마나 어려운지 알잖아.

런던은 날이 정말 추운데, 이 친구는 얇은 티셔츠에 셔츠나 하나 더 입고 다니길래, 추울까 걱정했더니, 노르웨이의 추위 속에 살다 보면 이 정도는 아무렇지도 않다는 거야.

역시 사람은 힘든 일을 겪어봐야 단련이 되는 듯. 코로나 막 끝나던 시기에 교토에 갔다가, 마침 단풍철이라 교토역의 상상도 못 할 어마어마한 인파에 휩쓸려 아주 혼났었어. 그 후로 어디 복잡한 데 가면 언제나 속으로 생각해. '난 단풍철 교토역에서도 돌아다닌 사람이야…' 하고.

비가 많이 와서인지 교외 주택가라 그런지 열흘이 지나도 집 안에

먼지가 안 쌓이는 것도 정말 신기했어.

난 영어를 읽는 건 겨우 하는데, 말하는 건 정말 엉망진창이거든. 그런데 그럭저럭 의사소통이 되는 것도 신기해.

언어야 잘하면 물론 좋지만, 못해도 적어도 여행에는 큰 문제는 아닌듯해. 이를테면 제주도에서 한 달 살 때, 우리는 한국말을 잘하지만, 시장에서 갈치나 옥돔 흥정하는 거 아니면 별로 말할 일도 없잖아. 그저 용감하게 살아보는 거야. 뭐 어때.

7. 월리스 컬렉션

나름 사치스러운 아침 식사를 마치고 Wallace Collection을 향해 나섰어. 역시 버스 타고 구글 지도를 보며 찾아갔지. 구글 지도 너무 고마워. 근데 얘가 교통은 잘 알려주는데, 가끔 내 위치  를 잘못 잡아서 왔다 갔다 하게 만들기도 해. 그러나 예전 인터넷에 구글 지도 없던 시절 생각해 보면 정말 감지덕지야.

이 박물관은 유럽에서 가장 부유한 가문 중 하나였던 Richard Seymour Conway(1800~1870) 하트퍼드 4대 후작이 수집한 개인 컬렉션과 하우스를 자신의 사생아인 Richard Wallace(1818~1890) 경에게 물려주어 설립된 박물관이야. 전형적인 박물관 건물이 아니라, 큰 규모의 거주용 하우스를 박물관으로 사용하는 것이라 내부도 독특한 구조야.

15세기부터 19세기까지의 렘브란트, 반 다이크, 무리요 등 다양한 회화는 물론이고 예술장식품, 가구, 무기까지 정말 방대하고 개인이 수집한 것이라고는 상상할 수도 없는 소장품들이야.

특히 무기와 갑옷 컬렉션은 세계 최고로 인정받고 있다고 해. 인도, 중동 등 아시아 무기와 중세·르네상스 무기와 갑옷들, 온갖 총

과 소총들이 가득 전시되어 있어.

난 무기가 좋아. 긴장감을 갖고 그 시대를 상상해 볼 수 있잖아. '오호…. 100년 전쟁 때 저러고 싸웠다고?' 하면서…. 게다가 어찌나 정교한 예술작품을 만들어 놨는지, 저런 무기를 갖고는 아까워서 싸우는 척만 하며 상대방의 무기를 훔쳐보고, '아니, 저놈들이 가진 것이 더 멋지군….' 하면서 돌아와 무기 장식에 더욱 공을 들이는 게 아닐까.

정교한 자개 공예품들도 많아. 무기류에도 생활용품에도 자개류 세공이 많아서 깜짝 놀랐어.

소장품이 하도 다양하고 많아서 도대체 그 시기 이 나라 부자들의 부에 대해 상상이 안 가네. 재력도 재력이지만, 어찌 이리 좋은 안목을 가지고 꾸준히 추진했는지 몰라.

프랑스 혁명 직후라 예술품들이 세일 기간이었다곤 하지만 덕분에 아직도 무료로 볼 수 있으니 안목 있는 영국 선조님들께 감사드리고, 입구의 경비 아저씨께도 감사 인사를 드리고 퇴장했어.

이런 장소 안쪽의 카페에 앉아 나름 우아하고 태평하게 커피와 스콘을 먹는 일도 아주 즐거워.

밖으로 나오면 완전 중심가라 돌아다니며 구경하기도 좋아서, 셀프리지 백화점과 리버티 백화점에서 얼마나 좋은 물건들을 팔고 있는지 구경했어. 나이가 들며 물욕은 완전히 사라진 듯 정말 아무것도 사고 싶은 게 없네. 많이 보고 안 사는 게 최고야.

이 뮤지엄은 당근 또 와야지. 얼마나 좋은데, 게다가 무료잖아.

사치 갤러리를 가려고 버스를 탔어. 구글 지도를 보고 있었는데, 다른 길로 가는 거야. 아마 공사 중이라 다른 길로 간다는 것 같아. 그렇다 해서 노선버스가 이렇게 생판 다른 길로 가도 되는 거야?

승객들은 전혀 불평 없고, 얌전한 부인이 엄청 죄송스러워하며 내려달라기에 나도 따라 내렸어.

황당했지만, 덕분에 너무나 멋진 길을 걸을 수 있었어.

사치 갤러리 바로 앞에 내가 좋아하는 TASCHEN 서점도 있어서, 들어가 이것저것 만지작거리며 망설이다 참았어. 책 무게가 대단하잖아. 이 동네는 브랜드숍들도 많아서 구경하며 돌아다니기 참 좋더라.

막상 사치 갤러리에는 별로 전시가 없어서 주변을 마구 돌아다니다 돌아왔어. 참으로 보람찬 나날을 보내고 있는 것 같아 뿌듯해.

8. 세븐 시스터스

오늘은 세븐 시스터스로 유명한 도버의 흰 절벽을 보러 일찍 나섰어. 제이슨 본이 출몰할 듯한 이름의 Blackfriars역에서 테이트 모던 전경을 잠시 내다보다, 기차를 타고 브라이턴까지 가서 버스를 타고 세븐 시스터스로 갔어. 흐리기만 하던 날씨가 내릴 때쯤 비가 엄청 오는 거야. 어쩌겠어. 여기까지 왔는데.

세븐 시스터스 공원 관리소에 가서 물어봤어. 구불구불한 긴 머리를 가진 레이프 개릿 닮은 친구가(여자인지 남자인지 끝내 모르겠어) 날 아래위로 좀 한심하게 쳐다보더니 말하길, "자, 세 가지 방법이 있어. 첫째, 버스 타고 두 정거장쯤 더 가면 세븐 시스터스 가는 길이 있어. 그리로 가면 카페나 음식점들도 있고. 근데 내려가는 길이 좀 가

팔라. 넌 좀 안 될 듯. 두 번째, 이리로 죽 내려가서 계속 가면 절벽까지 곧장 갈 수 있어. 그런데 비가 많이 와서 중간에 길이 없어지고 계속 물웅덩이일 거야. 그것도 안 될 듯. 세 번째, 죽 내려가다 물웅덩이 앞에서 왼쪽으로 가면 목초지가 나오고 언덕이 있는데, 그 언덕을 올라 죽 가면 절벽이 나와. 넌 그 길이 제일 좋을 듯."

고맙다고 여러 번 인사하고 나왔는데, 날 일부러 골탕 먹이려는 계획은 아니었겠지만, 평생 잊지 못할 일을 겪게 되었어. 다시 생각해도 무서워.

비가 그쳐서 '햇볕 쨍쨍한 것보다 좋네….' 하며 절벽으로 가는 길을 기분 좋게 걸었어. 사실 런던에서 해가 쨍쨍한 날은 없었지만. 가다 보니 얘기 들은 대로 길이 커다란 호수로 변했더라구.

난 왼쪽 길로 가서 목초지로 들어갔어. 가축들이 돌아다니지 못하게 하느라 그런지 작은 쪽문이 잠겨 있었는데, 사나운 억양을 쓰는 영국 아가씨가 나도 이리로 가야겠다더니만, 손을 안으로 넣어 문을 착 열면서 따라오래. 그런 작은 쪽문이 몇 개나 있어서 나도 나중엔 손을 넣어 세련되게 쓱 열곤 했어.

고맙다고 따라가다 보니 꽤 경사가 심한 언덕이 나오는데 멀리서 본다면 양 떼가 노니는 아름다운 풀밭 언덕이지만, 진흙밭에 양 똥들에 여기저기 패이고 쉽지가 않았어.

BBC 드라마 보면 치렁치렁한 긴 치마 입고 비 맞으며 잘도 돌아다니더니만, 도대체 왜 그런 짓들을 하는 거야.

하여튼 열심히 올라가다 풍경이 그럴싸하여 멈추고 동영상을 찍었는데, 빙 회전하며 찍다 보니, 깜짝이야. 높은 곳에서 위풍당당한 까만 얼굴의 양이 날 노려보고 있는 거야. 그 양의 옆을 지나서 오른쪽으로 가야기에, 눈치 보며 슬금슬금 올라가는데, 그 양이 덩치도 큰데 꼼짝도 안 하면서 이글이글 노란 눈으로 날 계속 노려보는 거야. 포스가 장난이 아니야. 다스 베이더 같아.

등산화에 등산복에 쌍지팡이까지 짚은 영국 아가씨는 벌써 멀리 사라졌고, 나는 눈치 보느라 눈 안 마주치게 고개 숙이고, 조심스레 그 양을 겨우 지나쳤어. 얼마나 무서운지 양의 심기를 건드릴까 봐 숨도 크게 안 쉬고 소리 없이 걷느라 진땀이 나더라구.

그 양은 정말 미동도 않고 버티고 서서 나만 쳐다보고 있었어. 한참 만에 비굴하고 공손히 양의 옆을 지나 언덕 위의 오솔길로 접어들어 한숨을 쉬었는데, 또 길이라는 게 기가 막히네.

오른쪽은 내리막길에 가시철망이고, 왼쪽은 가시나무로 울타리가 쳐 있고 바닥은 완전히 발이 푹푹 빠지는 진흙 천지인 아주 좁은 길이었어. 울고 싶은데, 울어도 어차피 가긴 가야 하잖아. 아이고…. 그런 길을 한 2~300m는 걸었을 거야. 돌아갈 때는 웅덩이에 빠져 물속을 걷더라도 이 길로는 죽어도 못 간다고 했지만, 이를 악물고 가다 보니 그래도 끝은 있더라.

하여튼 우여곡절 끝에 절벽에 도착해 아름답지만 심심한 하얀 절벽을 이쪽저쪽 보고 나니, 여긴 정말 아무것도 없이 절벽만 있네. 아침 일찍 기차역에서 커피랑 머핀 하나 먹었는데, 나름 유명 관광지라 하다못해 커피라도 마시겠거니 했는데, 정말 절벽뿐인 거야. 뭐, 경치야 좋지만 난 에너지가 바닥이었어. 이렇게 여행 다닐 땐 필수로 가방 속에 초코바라도 하나씩 넣고 다녀야 해.

언덕을 내려가 돌아가려니 다리가 후들거리고 너무 걱정이 되는데,

런던

다시 분무기처럼 비도 오기 시작하고 사람도 없더라구. 계속 울고 싶은 심정으로 터덜터덜 한참을 걸어 꽤 넓은 물웅덩이에 도착했어.

무릎까지 와도, 허리까지 와도 물속을 걷겠다고 생각하며 돌을 던져보니, 발목 정도인 듯. 어쩌겠어. 코트 자락을 허리까지 말아 들고 물속을 첨벙첨벙 걍 걸었어. 오늘따라 커피숍에 친구 만나러 가는 차림으로 우아한 모직 코트 입고 나간 내가 원망스러웠어.

하여튼 비 맞고 무릎까지 다 젖어서 비 맞은 생쥐 꼴을 하고 눈치 보며 버스 타고 브라이턴에 도착했을 땐 배고프고 힘들어서 아무 데나 주저앉고 싶었어. 제발 택시 불러 타고 곧장 집에만 갈 수 있다면 소원이 없겠더라.

마침 초밥집이 보여서 뜨끈한 미소와 초밥 먹고 나니 그나마 좀 살 것 같아졌어. 죽을뻔했어. 정말!

나중에 알고 보니, 양이 보기에만 순하지 고집 세고 제멋대로에 자기 분을 못 이겨 인간을 들이받는 경우도 종종 있었대. 정말 나 오늘 죽을뻔했나 봐. 아이고…. 감사합니다.

9. 영국 박물관

그동안 대영 박물관이라고 알고 있었는데, 그냥 The British Museum이더라. 여행 오기 전 런던의 온갖 박물관과 정원 미술관들 리스트를 만들어 놓고 체크하며 다니는 중이야. 사실 내셔널 갤러리와 섞여서 결국엔 어디서 뭘 봤는지도 잘 모르겠더군. 2층 버스 앞자리에 앉아 시내 구경하며 갔는데, 옆자리의 남녀가 30여 분 동안 미친 듯 떠들어서 좀 더 있었으면 러시아어(인 듯) 깨우칠 뻔했어.

박물관에 들어가 1층 왼쪽 첫 번째 전시실에서 만난 첫 번째 작품이 뒤러의 코뿔소였어. 믿어지지 않는 선물이어서 '감사합니다.'를 속으로 외쳤다니까. 재작년엔가 여기서 뒤러 특별 전시회를 한다는

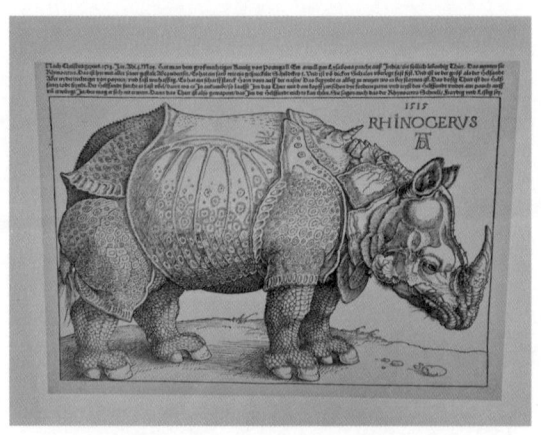

    메일을 받고 못 와서 속상했는데, 첫 작품으로 나를 반겨줘서 고마웠어. 뭔가 이번 여행을 축하해 주는 상징적 느낌.

    이집트, 아시리아, 수단의 전시물을 보니, B.C 수천 년에 만들었다는 사실이 믿기지가 않고, 경이롭고, 현대 미술관에 가 있어야 할 듯한 작품들도 많더라.

    미라를 보면 정말 미안하고 죄송스러워. 그들은 영생을 기원하며 본인을 미라로 만들었겠지만 이렇게 수천 년이 지난 후까지 진열장 속에서 수많은 사람에게 구경거리가 되리라고 어찌 상상이나 했겠어. 본인이 안다면 정말 얼마나 끔찍하겠어. 정말 죄송해.

    여기서는 인류 문명의 초기부터 현재까지의 전 세계 문화를 볼 수 있어. 그리스부터 이집트까지 온 세계를 돌아다니며 남의 나라 신전을 벗겨오고, 무덤을 파내어 약탈해 온 유물들을 모아놓고, 돌려달라는 요청도 묵살하며 꿋꿋이 보전·전시하고 있으니, 입장료가 무료인 것은 당연하지만, 살짝 씁쓸해.

한편 이렇게 보존하고 모아서 전시하니 보게 되지, 아니면 그리스나 터키, 시리아로 따로 찾아다니며 이렇게 볼 수 있었을까 싶어 고맙기도 하고. 모르겠어.

1800년대에 이 어마어마한 규모의 작품들을 어떻게 발굴하여 어떻게 영국으로 이송했는지 경로를 상상도 못 하겠어. 영국이 섬이라 더 가능했는지도 모르겠지만, 하여튼 그들의 탐욕과 안목과 물량에 지쳐 멀미가 날 것 같아, 역시 다시 오기로 맘먹고 중간에 퇴장했어. 도중에 나왔다고 해도 벌써 네 시간 정도 흘렀더라구. 머리가 뱅뱅 도는 것 같아.

우산도 없는데 비가 주룩주룩 내려서 진짜 런던사람처럼 노점에서 3파운드짜리 모자 하나 사서 쓰고 시내를 마구 돌아다녔어.

나는 음식에 큰 관심이 없어서 언제나 지나가다 보이는 곳에 들러 그저 피자나 파스타나 초밥이나 아무거나 먹고 따뜻한 차나 마시면 되니까 맛집을 찾아가는 일이 없으니 이것도 참 편해.

이왕 옷도 젖었고 이리저리 시내를 한참 돌아다니며 구경한 다음, 지하철 타고 버스 타고 두 시간 걸려 집에 돌아왔어.

혼자 다니면 심심하다고 누가 그래? 시간 없고 바빠 죽겠구먼.

10. 첼시 피직 가든

아침 7시인데 조명등이 100개 켜진 듯 엄청 밝은 거야. 하도 비가 많이 와서 그런지 어쩌다 맑은 날은 그 보상으로 먼지도 없고, 아주 투명하고 쨍한 날씨야.

역시 온갖 고상한 채소들로 호사스러운 아침 식사를 마치고 약용 허브나 식용 식물들을 기르는 Chelsea Physic Garden으로 갔어. Albert Bridge 옆에 얌전히 있는 소규모 정원인데, 철이 일러 씨 뿌리고 모종 심는 곳도 있고, 부지런하게 벌써 핀 작약도 있고, 예쁜 노란 꽃도 만발했더라. 나처럼 궁금한 게 많은 사람은 이럴 때 구글 렌즈로 꽃 이름을 찾아보는데, 다 알려줘. 이번에 구글에 신세 너무 많이 지네.

이 분류표 덕분에 내가 좋아하는 술들의 근본을 다 알게 되어 뿌듯했어. 응, 나 술 좋아해.

벤치에 앉아 눈을 감고 있으니 따뜻한 햇살과 잔디를 깎는 싱그러운 풀냄새와 종알거리는 새소리에 다른 세상으로 가는 비밀의 정원에 온듯싶어.

화단은 지역이나 용도에 따라 여러 분류로 나누어 하나하나 읽어보는 재미가 있었어. 박물관도 너무 큰 곳은 도중에 질려서 나와버리고, 정원도 꽃이 너무 많으면 지치더라만, 여기는 한적하게 둘러볼 수 있어서 참 좋더라. 여기저기 벤치로 옮겨 앉으며 아름다운 시간을 보냈어.

다 보고 나왔는데, 드물게 날씨가 좋아 아쉬워 버스를 타고 웨스트민스터 쪽으로 갔어. 인파를 헤치고 웨스트민스터 교에서 설탕 씌운 아몬드를 사서 먹으며 의사당 옆을 지나 남쪽 강변으로 가다 보니 벽에 뭔가 분홍색으로 장식이 되어 있는 거야.

가까이 가보니 코로나로 돌아가신 분들 추모하며 메시지를 담은 분홍색 하트 스티커가 잔뜩 붙어 있더라구. 추모하는 방식이 화사해서 참 좋았어.

사람 많은 런던 아이 구경하고, 한참 걸어 테이트 모던까지 갔어. 강변을 이쪽저쪽 걸어보고, 이 다리 저 다리 건너보는 게 참 재밌어.

테이트 모던은 발전소를 고쳐서 현대 미술관으로 만든 곳이잖아. 내부가 무척 넓고 직선적이며 멋있어.

난 현대 미술에 대해 아예 관심도 없고 몰라. 근데 모르는 게 좋은 듯. 보고 나니 좋은 게 많아져서 골치 아프더라.

자코메티, 뒤샹, 리히텐슈타인 등 이름만 겨우 알던 작가들과 생전 처음 보는 작가들은 왜 이리 재밌고 기발한 작품들을 만든 거야. 확실히 현대 작가들은 고전 작가들에 비해 발상이 자유롭고 표현 대상이 무한대인 듯. 눈을 사로잡아 떠나지를 못하겠네. 이미 좋아하는 게 너무 많아 포화 상태라 이러면 안 되는데 말이야.

 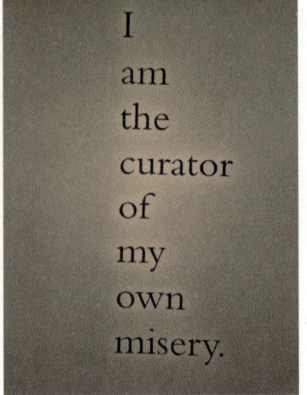

인상 깊은 저 글귀를 보고 내 인생을 반성도 하며, 몇 시간을 훌쩍 미술관에서 보내고 나와보니 아직도 날씨가 좋고, 앞에 밀레니엄 브리지가 있는 거야. 힘들어 죽겠는데 그걸 또 지금 굳이 건너는 마음은 뭐냐고. 나도 정말 이해를 못 하겠어. 보통 1만 2~3,000보 걷는데, 오늘은 2만 보 이상 걸었어. 힘들지만, 뭐 어때. 다음에 쉬면 되지….

11. 여행 계획

혹시 내 여행 계획에 대해 궁금해할까 봐 얘기하자면 간단해.

우선 큰 틀(목적지)을 정한 다음에 점차 세부적으로 정하는 거야. 목적지를 정하고 항공권을 예약해 놓으면, 다음으로 갈 곳의 리스트를 찾아놓는 거야. 도시별로 박물관, 미술관, 정원, 역사적 건물, 근교의 갈 곳들을 찾아놓고 교통편도 알아놓고, 작은 노트에 다 적어서 소책자를 만들어 놨어.

그다음이 숙소. 숙소 결정이 제일 어려웠어. 위치를 정하는 게 힘들어서 지도와 인터넷 여행 게시판을 꼼꼼히 찾아보고, 안전과 교통편의 중심으로 대략 정한 다음, 예약사이트 평점, 댓글 등을 교차 검증해 보고도 걱정하며 예약했어. 온갖 QR코드가 핸드폰에 쌓이기 시작하는데, 잘 분류해 놓고, 걱정되어 복사본을 내 카톡으로도 보내놨어.

실제 다니면서 중요한 건 여권과 핸드폰, 지갑 이 세 가지와 안전이지.

로밍 대신에 E심, 신용카드나 현금 대신에 트래블 월렛 카드를 만들어 쓰니 정말 편하고 좋더라. 하여튼 새로운 기술은 배워야 해. 똑똑한 사람들이 고생해서 편하고 좋은 것 만들어 놨는데 우리도 보람차게 써보자구. 귀찮거나 미리 겁먹어서 그렇지, 마음만 먹으면 다 할 수 있어. 나도 하는데, 뭐.

다니면서는 안전이 최우선이야. 제일 걱정은 넘어지거나 미끄러지는 것이야. 계단이나 경사가 가파른 길을 걸을 때는 무조건 옆 손잡이 꼭 잡아야 해. 나중에 손소독제로 닦으면 되니까, 아무리 더러워도 꼭 잡아야 해.

어두워지기 전에 숙소로 돌아오고, 교통 신호 잘 지키고, 버스는 멈춘 다음 일어서고, 수상한 음식 먹지 말고, 손 잘 씻고, 언제나 긴장을 늦추면 안 되지. 가족들 걱정하게 만들면 안 되잖아. 써놓으니 복잡한 것 같지만, 다 아는 얘기잖아.

나는 여행이나 미술, 역사, 언어에 대해 전문적인 지식이 전혀 없고, 아무 이론도 아는 게 없이 그저 내 맘에 드느냐가 중요한 거야. 특별히 새로운 것을 알고 싶은 생각도 없고, 그저 더 나이 들어 다니기 힘들어지기 전에 평생 해보고 싶었지만, 못 했던 일을 해보려는 것뿐이야. 내 주변엔 건강이 안 좋거나, 일찍 세상을 떠난 친구들도 있어. 그래서 평생 쓸 용기를 이번 한 번에 미리 다 가져다 사용하는 건데, 생각할수록 잘한 것 같아.

12. 국립 초상화 미술관

난 좋아하는 것도 많지만, 관심 없는 것이 진짜 많아. 이를테면 그림을 무척 좋아하는 척하지만, 백색 대리석 조각이나 남자들이 백색 가발 쓴 시기부터의 그림은 아예 흥미가 없어서 그 전시실은 그냥 통과하면 되니 아주 편해. 어떻게 다 좋아하겠어.

국립 초상화 미술관에 갔는데, 역시 튜더 왕조실에는 관람객이 너무 많더라.

역사 속 인물들이 다가와 소개하는 느낌이야.

"아…. 얘기 많이 들었어요. 당신이 그분이셨군요."

"반갑습니다. 근데 그때 왜 그러셨어요?"

용맹한 흑대자도 만나 뵈었고, 화려하게 치장한 엘리지베스 여왕

께도 인사드렸어.

초상화를 볼 때마다 느끼지만, 화가들은 초상화 그릴 때 모피를 입고 오는 부인과 레이스 휘감고 오는 부인 중 어느 쪽을 더 싫어할까? 모처럼 가족 초상화를 주문받았는데, 온 가족이 하늘하늘 난감한 옷을 입고 복슬복슬한 애완동물까지 데리고 오면 한숨 나오겠어. 그림 볼 때마다 저런 걸 어찌 저렇게 섬세하게 그릴까 싶어서 당시의 초상화가를 만난다면 어떤 게 제일 힘들었을지 물어보고 싶더라니까.

여기서 내가 아는 거의 모든 인물과 듣도 보도 못한 인물까지 영국 역사의 거의 모든 분과 안면을 텄어. 덕분에 이제부터 역사책을 보면 얼굴이 떠올라 실감 날듯해.

Courtauld Gallery는 미술사 연구를 전문으로 하는 런던 대학 미술 연구소의 미술관으로, 런던 중심부의 서머싯 하우스에 위치한 영국 최대의 인상파 컬렉션이야. 건물 내부가 무척 아름다워.

사실 난 인상파에 별로 관심이 없어서 꼭 가려는 생각은 없었는데, 유튜브에 Bill Nighy 아저씨가 특유의 말투와 휘청휘청한 걸음걸이로 이곳을 설명하면서 "예술을 사랑한다면 이보다 좋은 곳은 없다."라고 단언하시는 걸 봤는데, 어찌 안 가겠어.

인상파뿐 아니라 중세 시대부터의 조각 장식품 등 전시도 대단해.

규모도 부담 없이 볼 수 있는 정도고, 설명 중 'Courtauld Insights'라고 써놓은 글들도 재미있고, 안 갔더라면 후회할 뻔했지. 지하의 아트숍도 소소한 기념품 등이 재미있어 선물을 사거나 구경하기 좋더라.

여길 나오면 그냥 템스강이야. 강변을 살짝 걸어보다 워털루 브리지를 건너서 집으로 향했어. 하여튼 잘도 돌아다녀.

디스트릭트선을 타고 퍼트니로 오는데, 갑자기 전철 안이 중년의 남자들로 가득 찬 거야. 아마 윔블던에서 축구 경기가 있나 봐. 그런데 마치 복제인간들 같이 계란형 체형과 살짝 벗겨진 머리카락, 후줄근한 차림이 어쩌면 그리들 똑같은지 정말 깜짝 놀랐어. 가족들도 구별을 못 할 것 같아. 길거리의 펍들도 테이블을 다 꺼내놓고 벌써들 마시며 떠들고 있는 거야. 축구 경기라는 게 이렇게 대단한 행사라는 걸 완전히 실감했어.

13. 빅토리아 앤 앨버트 박물관

V&A Museum에 갔는데, 정말 좋아. 이 사이좋은 부부의 이름을 가진 박물관은 중세부터 근대까지의 유럽·동양 미술들을 광범위하게 소장하고 있는데, 장식 미술 공예 분야에서는 세계적 규모와 내용을 갖고 있어.

빅토리아 여왕(1819~1901)은 재위 기간만 60여 년으로 '해가 지지 않는 나라'라는 대영제국 최전성기를 이끌었잖아. 독일계 귀족 앨버트 공작(1819~1861)과 결혼 후 아홉 명의 자녀를 가졌는데, 자손들 대부분이 유럽 왕족과 결혼하여 '유럽의 할머니'라고도 불렸던 이 여왕의 스토리는 여러 영화나 시리즈에서 흥미진진하게 볼 수 있어 친

근하지.

　건물 외관도 정말 멋지고, 전시물들도 엄청 많고 멀미가 날 정도야. 지하의 중세 전시물부터 너무 좋아서 도끼 자루 썩는 줄 모르고 몇 시간이나 있었어.

　거대한 박물관에서 전시물을 보는 건 꼭 숨은그림찾기나 《월리를 찾아라》 같아. 하나하나 무심히 보다가 갑자기 내가 좋아하는 뭔가 팍 튀어 오르는 것 같아.
　1층, 2층에서 온갖 장식물 공예품들을 찬찬히 열심히 보고 4층까

지 올라갔더니 가구 전시장이 있는 거야. 온갖 종류의 가구 형태와 유명 브랜드까지 다 있고 앉아볼 수 있게 해놓기도 했어.

정말 흥미진진하게 가구를 보고 나니 도자기 전시실도 있더라. 유럽 각 왕가의 도자기들과 각 나라 도자기들, 유명 브랜드들이 얼마나 많은지 보기에도 지칠 정도였어. 마지막 부분에 현대 도자기들이 모여 있었는데, 우리나라 이상봉 디자이너의 한글 문양 도자기도 찾았다네.

이 박물관은 너무 좋아서 이루 다 설명을 쓸 수가 없네. 기회가 된다면 꼭 가서 시간 넉넉히 쓰면서 찬찬히 둘러보시길 강추할게.

박물관 야외 카페에 앉아서 커피와 당근 케이크를 먹는데, 갑자기 돌풍이 불어 당근 케이크가 날아갔어. 케이크가 날아가다니, 얼마나 웃기는지…. 하여튼 돌아다니다 보니 별 재밌는 일이 다 생기네.

난 체력이 정말 좋은 듯. 그동안 거의 하루도 안 빼놓고 돌아다녀서 살짝 힘든 것 같아. 매일 평균 12,000여 보씩 걸었으니 남은 기간을 위해 좀 쉬어야겠어. 집에서 빨래하고 태블릿으로 넷플릭스를 보려 했더니, 여기선 한글 자막이 안 되네. 할 수 없이 보고 또 보는 〈피키 블라인더스〉를 보며 빈둥거렸어. 어차피 여러 번 봤던 거라 자막이 없어도 대충 볼 수 있거든.

난 일단 쌈박질 보는 걸 좋아하는데, 총 들고 말 많은 건 딱 질색이야.

특히 1차 대전에서 2차 대전 사이가 무대인 책과 영화를 좋아하는데, 생각해 봐. 같은 시기에 〈닥터 지바고〉의 오마 샤리프는 러시아 혁명 와중에 온갖 고초를 겪으며 줄리 크리스티를 만나고, 〈피키 블라인더스〉의 킬리안 머피는 파란 눈을 불태우며 아이리시 위스키를 들고 적을 처리할 궁리를 하고 있고, 〈1923〉의 해리슨 포드와 헬렌 미렌은 몬타나에서 농장을 일구느라 분투하고, 어디서나 힘든 시기를 보내느라 고생들 하고 계셨던 시대야.

마치 로마 시대 관중석에 앉아서 검투사들 싸우는 거 보는 심보랄까. 나는 안전하게 멀리서 남들 피 터지게 싸우는 거 구경이나 하겠다는 거잖아.

아무 생각 없이 시간 보낼 때도 총칼 휘두르는 영화를 잘 보는데, 제발 재미있고도 좋은 영화 좀 많이 만들어 달라고 온 세계의 감독님들께 간절히 호소하고 싶어.

14. 햄프턴 코트

오늘은 Hampton Court를 갔는데, 여긴 정말 강추하고 싶어. 다음에 런던에 다시 와서 이틀만 있을 수 있다면 난 V&A Museum과 Hampton Court를 갈 거야. 여기는 입장료가 좀 비싸. 런던엔 무료 박물관이 많아서 좋지만, 사설 박물관이나 유명 관광명소 같은 곳은 입장료가 많이 비싸. 일단 런던 여행이라면 숙소부터 교통, 식사 비용까지 생각보다 훨씬 많은 비용이 들 거야. 게다가 파운드 환율이 장난 아니잖아. 그러나 난 여기라면 그 몇 배의 돈이라도 아깝지 않아.

아름다운 여러 형식의 정원과 궁전 내부는 정말 볼만해. 처음엔 헨리 8세 시대의 재상 Wolsey가 지었는데, 왕이 빼앗아 자신의 궁전으로 사용하고, 이후 여러 왕이 각자 자기 시대의 양식을 도입해 증축

해서, 다채로운 형태의 아름다움과 수집품들이 있어. 게다가 헨리 8세야 친절하게 직접 흥미진진 막장 드라마의 주인공이 되어 많은 얘기를 끝도 없이 만들어 내고, 그 스토리로 수백 년이 지난 지금까지도 많은 관광객을 끌어모아 아직도 나라에 크게 기여하고 있잖아. 게다가 이렇게 아름다운 궁전까지 남겨주셨으니 정말 훌륭한 조상인 것 같아.

난 헨리 8세(1491~1547)를 보면 같은 시기 프랑스의 프랑수아 1세(1494~1547)가 연상되는데, 키도 헨리 8세는 188cm, 프랑수아 1세는 2m로 둘 다 거구 장신의 비슷한 외모를 가졌고, 심지어 같은 해에 세상을 떠났어. 이 두 왕은 서로를 라이벌로 여겼는지, 프랑스에서 가끔 만나 자존심 대결로 온갖 사치와 쇼를 한 걸로도 유명하잖아.

동시대를 살며 취향도 상당히 비슷해서 다방면에 관심 많고, 온갖 일을 저지르는 것을 좋아해서, 후세에 경쟁적으로 재밌는 얘깃거리와 유산들을 많이 만들어 놓으신 듯해.

하여튼 난 이 성이 너무 좋아, 지하 와인 창고부터 꼭대기까지 방마다 아주 꼼꼼히 다 보고, 재현해 놓은 헨리 8세의 내레이션들도 다 들었어. 내 생각에 헨리 8세의 목소리는 앤서니 홉킨스 같은데 확인은 못 했지.

아침에 갔는데, 건물 안에서만 몇 시간을 보내고 마침 날씨도 드물게 좋아서, 꽃이 마구 피기 시작하는 아름다운 정원에서도 한참 놀

앉어. 커다란 나무들을 전지하는 방법도 여러 가지여서 원뿔형, 정육면체, 키세스 초콜릿처럼 만들기도 하고 이런 다양성들이 재밌어.

너무 좋아서 정신 못 차리고 벤치에 앉아 사람 구경도 한참 하다 보니 하루가 다 갔어.

공식 사이트를 보면 가끔 정원만 무료개방 하는 행사들이 있는데, 굳이 성 내부에 관심 없으면 그런 날을 찾아서 정원만이라도 보라고 권하고 싶이.

15. 큐 가든

오늘이 런던 마지막 날이라 벼르던 Kew Garden에 갔어. 세계 최대의 식물원으로 1884년 완공되었는데, 면적이 약 40만 평에 이르고, 열대, 온대, 웨일스 공주의 온실 등 다수의 대형 온실이 있어.

정원은 아주 넓고 산책길도 많고 가족 소풍객들이 무척 많았어. 정문에서 햇볕 쨍쨍하던 날씨는 정원을 지나 온실까지 가는 동안 폭우로 변해서, 바로 앞의 팜 하우스로 뛰어들어 갔어. 배를 뒤집어 놓은 듯한 모양을 한 큐 가든의 대표적이며 가장 오래된 온실인 팜 하우스는 열대 식물이 보존되어 있는 곳으로, 길이가 110m에 높이가 19m인데 기둥도 없이 넓은 유리 궁전 같아. 비를 피해 들어온 사람들로

 2층까지 순식간에 가득 찼어. 그래도 나무 하나하나 보고 2층까지 올라가 열심히 보람차게 보았지. 비가 좀 그치길래 나섰다가 다시 쏟아져서 뒤편의 온실로 들어가니 여기도 사람들이 미어터지게 많더라. 온실 안의 식물들 이름을 외울 지경에 이르자 비가 그쳤어.

 정원을 살짝 걸어서 철골로 만든 높이 18m 탑 위의 공중 산책로에 올라가 선 순간 비가 마구 퍼부어 지붕도 없는 공중에서 샤워하듯 비를 맞았어. 굴러 내려오다시피 해서 내려와 큰 나무 밑에서 그나마 비를 좀 피했는데, 비가 쏟아지며 햇볕이 나는 신공도 보여주는 대단한 최강 변덕 날씨였어. 덕분에 무지개도 봤지만, 막상 큐 가든의 가든은 별로 못 보고, 비만 세 번 미친 듯 맞았어.

 3월의 영국이라는 곳을 가려면 발목까지 오는 방수 신발과 방수 재킷과 모자는 필수야. 그나마 모자라도 갖고 다녀서 정말 다행이었어.

 역대급 변덕 날씨에 질리고, 옷도 다 젖고, 피곤해서 나오다가 정원 한구석에 숨어 있는 듯한 궁전을 겨우 찾았어.

 〈조지 왕의 광기〉로 유명한 조지 3세(1738~1820)의 궁전이야. 말이 궁전이지 정말 좁고 소박해. 소박하다기보단 초라할 정도야. 원래는 몇 개의 건물이 더 있었는데 다 철거되고 지금은 이 건물만 남았대.

　우리나라 정조 때쯤인데, 재위 기간이 장장 59년이나 되었어. 비록 재위 당시 미국이 독립하여 속국을 잃기도 했지만, 왕으로서도 그럭저럭 존경을 받으며 잘 살아오고, 당시로써 드물게 일부일처 하면서 조강지처에게서 자식도 자그마치 열다섯 명이나 낳았어. 노년에 정신이상인지 치매인지 이 궁전 꼭대기에 10년이나 갇혀서, 지금으로 보면 말도 안 되는 온갖 끔찍한 치료를 받으며 정말 애처롭게 살았던 모양이야.

　요새 여행 다니며 내가 기고만장해졌는지, 대국의 왕한테 불쌍하다는 생각을 다 하네.

2024년 4월
베를린

1. 베를린 도착

오늘은 베를린이야.

어제 런던을 떠나 베를린으로 왔어. 정말 아쉬운 마음으로 내 집 같은 런던 집을 떠나 히스로 공항에서 브리티시 에어웨이를 타고 베를린에 잘 도착했지. 여행 떠나기 전 미리 항공, 숙박, 기차 등을 다 예약해 놨거든. 핸드폰에 QR코드가 얼마나 많은지 몰라. 게다가 입장권도 예약하면 다 QR이고, 무척 신경 써서 잘 정리해야 해. 히스로 공항에서 짐 부치고 라운지에 앉으니 무척 뿌듯했어.

비행기 타고 핸드폰에 이어폰을 연결하니 정말 놀랍게도 마침 나오는 노래가 신촌블루스의 '아쉬움'이야. 이렇게 절묘한 타이밍에 이 노래가 나올 일이냐구.

난 종교가 없지만 어떤 때는 누군가가 날 지켜보며 보살펴 주신다는 생각이 들 때가 있어. 사람 많은 정류장에서 버스가 바로 내 앞에 서준다거나, 계단을 내려가며 미끄러질 뻔하다가 딱 멈추는 순간 등, "감사합니다."가 절로 나오는 순간이 참 많아. 이번 여행에서도 여러 번 그랬어.

순조롭게 베를린 공항에 도착했고, 짐을 찾고 미리 예약해 둔 택시를 타고 호텔로 가면 되는데, 짐이 안 나오는 거야. 수화물 나오는 곳이 아예 닫혀 있고 아무 짐도 안 나와. 공항도 한가한데 말이야. 역시 불평들도 안 하시고 그저 묵묵히 기다리는 사람들을 보니 참 신기하더라. 택시 기사는 계속 문자 보내다가 가버리고, 황당해하며 한 시간 정도 기다리니 그제야 화물들이 나오기 시작했어. 아니, 짐들만 다음 비행기 타고 온 것도 아니고, 왜 안 나오냐구! 정말 이상한 일이야. 택시 회사 사무실에 갔더니 다른 택시를 배정해 주면서 하는 말이 "넌 그래도 연결 비행기를 놓친 것은 아니니 얼마나 다행이냐, 연결편 놓치는 일도 아주 많은데." 그나마 고마운 일인가 봐.

택시를 타고 호텔로 가는데 여긴 길이 어찌나 넓고 반듯한지 놀랐어. 좁고 구불구불한 런던에 있다가 오니 별 게 다 좋아 보이더라. 하여튼 밤 풍경을 보며 가다 보니, 당연한 말이지만 여기는 다 독어만 써 있더라구. 난 정말 독어의 ABC도 모르는데. 뭐, 어찌 되겠지.

호텔에 도착 후 이메일로 받은 핀 코드를 눌러 문 열고 들어가, 무인 데스크에서 또 몇 가지 이것저것 번호를 쳐서 출입카드까지 혼자

직접 만들었어. 멋지지? 그리고 방이 너무 좋아. 욕실과 주방 도구, 침구가 잘 갖춰져 있고 완전히 깔끔 청결해서 마음에 쏙 들었어.

 짐 풀고 앉아서 생각하니 하루가 너무 길고, 혼자 그걸 다 해냈다고 생각하니 자존감이 하늘로 솟구치는 거야. 나 자신이 너무 신통해 스스로를 마구 칭찬했어. 그럴만하지?

2. 베를린 1

오늘은 베를린에 처음 나가 보는 날이야. 어제는 동네 한 바퀴 돌고 마트에만 다녀왔거든. 아침에 하늘이 파란데, 일기예보에 12시부터 비가 온다기에 우산도 챙겼어.

구글 지도로 알렉산더 플라츠의 위치를 확인하고 호텔 바로 앞 정류장에서 신나게 내가 좋아하는 트램을 탔어.

우리나라의 〈복면가왕〉 같은 프로그램 광고도 붙어 있고, 흥미진진하게 바깥 구경을 하다 보니 점점 더 변두리로 가는 느낌이야. 그런가 보다 하는데, 어느덧 다들 내리고 기사도 내려서 문 잠그고 옆 건물로 들어가네. 트램이 여러 칸이라 구부러져서 나를 못 봤나 봐. 그렇다고 문 두드리며 살려달라고 할 수도 없고 '뭐, 어떻게든 되겠지….' 하고 평온하게 앉아 있었어. 여행 다니며 느는 건 배짱뿐일세.

좀 있다가 기사 아저씨가 건물에서 나와 담배 피우며 신문 보고 10여 분 후 트램 문 열고 출발. 오던 길 다시 밟아 〈복면가왕〉 광고 또 보고 다시 호텔 앞으로 돌아왔다네. 런던 한 달 살았다고 좌우를 반대로 생각한 거야. 1년 살았다면 한국말 못 알아들을 뻔했지 뭐야.

지하철로 갈아탔어. 지명도 다 길고 긴 독어라 봐도 봐도 읽히지 않고 외워지지 않아 지도를 몇 번이나 봤는지 몰라. 속이 타도 겉으론 침착하고 심드렁한 평온한 얼굴을 유지하려 애쓰면서 말이야.

지하철에서 계단으로 지상에 올라가는 순간, 왼쪽에 나타난 아름다운 붉은 건물 시청사 모습에 너무 놀라서 그때부터 베를린에 미쳤어. 예보대로 비가 오는데, 우산을 쓰고 시청사 앞에 얼마나 오래 서 있었는지 몰라.

정결한 고딕 양식의 성 마리아 성당은 또 얼마나 멋진지, 계속 외벽을 돌아가며 쓰다듬어 보았어. 내부는 멋진 파이프 오르간과 프레스코화로 장식되어 소박하면서 경건했어. 너무 좋아.

　비가 제법 오는데 계속 걸어서 훔볼트 포럼 너머 뾰족지붕이 보이기에 찾아갔더니, 프리드리히 교회(확실치 않음)인데, 내부엔 조각 작품들이 전시되어 있더라구. 내가 좋아하는 그리스 신화 모티브가 많아서 너무 재미있는 거야. 그리스 신들은 전지전능이 아니고 한 가지에만 특화되어 있어서인지 뭔가 무기를 꼭 소지하시더라. 인간적이신 듯해.

　폭스바겐 전시장 안에서 시니컬한 표정으로 내다보시는 제임스 딘도 만났어.

 감사한 마음으로 찬찬히 둘러보고, 더욱 세차진 비를 맞으며 베를리너 돔을 지나는데 여긴 또 왜 이리 멋진 거야.
 이 빗속을 우산도 없이 샌드위치를 먹으며 걸어가는 신기한 사람을 지나쳐 박물관 섬 쪽으로 걸어가는데, 알테 뮤지엄부터 나를 마구 유혹하지만, 다음 주부터 3일 연속 뮤지엄 패스를 사용하려는 계획이라 유혹을 떨치며 걸었어.
 도로가 넓고, 직선이고, 교통이 한가한 게, 그새 눈에 익었던 런던과 너무 달라 신기했어. 도시가, 건물이 너무 좋아서 정신을 못 차리겠어.
 베를린은 가기 좀 불편하잖아. 통일 후 공항을 새로 만들었다는데, 너무 작은 건지 공사가 마무리 안 된 건지, 대부분 유럽 내 저가 항공사들만 운행하고, 우리나라에서 가려면 프랑크푸르트나 암스테르담 등에서 갈아타야 하니 번거롭고 불편해. 나도 이번에 런던에서 가니까 다행히 갈 수 있었어.

베를린은 서울보다 1.3배 정도 넓은 면적에 인구는 400만 명 정도인데, 전체가 평지이니 굉장히 널찍하고 한가한 듯해. 게다가 그중 20% 정도가 공원이라니 굉장히 넓지. 우리가 생각하는 공원과는 차원이 달라서, 도시 속의 공원이 아니라 공원 속의 도시 같아. 틈틈이 티어가르텐이라는 공원에 갔는데, 입구도 너무 많고 얼마나 큰지 몰라. 경치야 뭐, 말해 뭐 하겠어. 그러면서도 곳곳에 주말농장 같은 곳들이 상당히 많은 걸 보면 기본적으로 자연을 무척 좋아하는 듯해.

맑은 공휴일엔 도시가 운동회 날 같더라. 마침 인라인 대회를 구경했는데, 참가자 수가 장난 아니더라구.

안 그래도 자전거 타는 사람이 무척 많던데, 휴일엔 할머니·할아버지부터 아기들까지 온 가족이 자전거 대회에 나가는 것처럼 헬멧을 쓰고 자전거를 끌고, 들고, 타고 다니는데, 특히 여인들이 커다란 자전거를 번쩍 들고 기차역 계단을 오르내리는 걸 보고 그 씩씩함에 감탄했어. 영국 여자들 터프하다고 생각했는데, 독일이 한 단계 위인 듯.

영국에선 현금을 전혀 안 썼는데, 의외로 독일은 현금을 많이 쓰고, 심지어 카드가 안 되는 곳도 있더라. 작은 음식점이나 카페에서 현금만 받는 곳이 많아 당황했어.

3. 베를린 2

베를린에서 갈 곳도 많은데, 날씨가 너무 안 좋아.

오늘도 대책 없이 종일 세찬 비. 독일의 4월은 영국의 3월보다 더 겨울인 것 같아.

일기예보와 달력을 보며 날씨 좋은 날엔 야외, 궂은 날엔 실내 박물관 가려고 계획을 짜다 밤을 새웠네.

청소하시는 분이 오셨는데, 마침내 핸드폰이 동시 통역된다는 신상이라 독일 언어 팩 설치해 놓고 몇 가지 질문을 하려고 했더니 독어 못 하는 불가리아 분이시라네.

런던에서도 버스 타면 영어 이외의 온갖 모르는 다른 나라의 말들이 난무했었는데, 여기도 호텔 1층 맛있는 파스타집 주인 아저씨도,

건너편 마트 아주머니도 독어를 안 쓰시더라구. 독어는 모르지만, 독어가 아니라는 건 알 수 있는 나의 신비한 능력이라고나 할까.

하여튼 어젯밤에 짜놓은 계획에 따라 주변 도시 가보는 준비를 해 보러 베를린역으로 나갔어. 독일이 기차 시간 안 지킨다고 인터넷 여행 게시판에 악명이 자자하잖아. 옛날엔 독일은 무조건 다 시간 엄수 철저한 줄 알았는데, 옛날이야기인지, 우리가 잘못 알았는지, 씁쓸하네.

호텔 바로 옆이 S반(우리나라 전철 같아) 정류장이라 베를린역으로 가서 몇 군데 기차 시간표 확인하고 각 플랫폼까지 다 가보며 리허설해 봤어. 베를린역은 크고 복잡하기가 이루 말할 수가 없어. 상가와 음식점도 많아서 뭐, 몇 시간은 충분히 놀겠더라.

여기는 아기들이 깜짝 놀랄 정도로 많은 것 같아. 우연히 만난 예쁜 한국 아기 엄마의 말에 의하면 가족이나 친구가 없어서 외롭지만, 생활이나 육아 등 전반에 만족한다고 하더라. 언제나 기차나 트램에 유모차가 많아. 커다란 개들도 정말 많이 데리고 다니고.

아까는 내 옆에 아주 커다란 개가 좌석 밑에서 순하게 눈 껌벅이며 앉아 있었는데, 맞은편에 있던 딱 봐도 동네 불량배 같은 청년이 내리면서 단 몇 마디로 개를 약 올리고 내려버려, 그 큰 개가 일어나 길길이 뛰며 짖어대는데, 기차간이 왕왕 울리는 거야.

도대체 어떻게 몇 마디로 그렇게 개를 화나게 할 수 있는지, 재주도 좋아. 불량배도 불량하게 사느라 나름대로 공부를 많이 하는 듯.

주인이 침착하게 진정시킬 때까지 정말 무서웠어. 내일부터 강행군일세. 아자 아자!

4. 마그데부르크

오늘은 정말 역대급 경험이야. 기차 타고 마그데부르크라는 중세 도시를 갔거든. 대략 140km 정도니 서울에서 대전 정도 거리겠지. 날씨가 화창하니 너무 좋아서 바깥을 내다보느라 신났는데, 갑자기 방송이 나오더니 다들 내리네.

눈치 보다 따라 내렸더니 버스가 몇 대 죽 서 있더라. 안내원에게 물어보니 저걸 그냥 타래. 기차에서 내린 사람들도 다 그걸 타길래 버스 타고 시골길 달려 30여 분 갔더니 브란덴부르크역에서 내려주며 다시 기차 타래. 아니, 이런 황당한 일이 있을 수가 있어?

서울역에서 기차 타고, 수원역에서 내려 버스 타고, 천안에서 다시 기차 타고 대전 가는 거야. 하여튼 결국 돌아올 때도 같은 코스로

왔어. 그러나 아무도 화를 안 낸다는 사실.

돌아오는 기차에서 영어 쓰는 여자가 전화로 "독일은 뭐 이따위냐. 도대체 베를린에 언제 돌아갈지 모르겠다….".며, 마구 화를 내다가 날 보길래, 엄지척~ 했는데, 사실 난 황당했지만 재미있었어. 신기하잖아. 이런 거 싫으면 그냥 집에만 있으면 돼. 다니다 이런 일 만나면, 뭐 어때. 재밌잖아.

그렇지만 마그데부르크는 정말 멋졌어. 기차역에서 내려서 시내로 걸어가는데 도시가 아주 깨끗하게 청소해 놓은 느낌이야. 훈데르트바서가 설계한 특이한 분홍색 건물도 있고, 아담한 성당들도 곳곳에 있어.

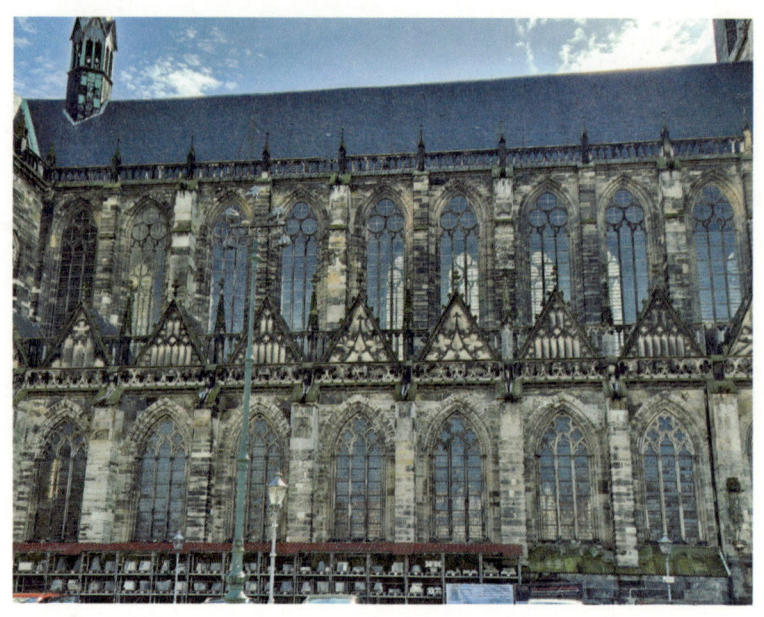

마그데부르크 대성당은 900년대에 지어지기 시작해 1200년대에 개축된 독일에서 가장 오래된 고딕 성당으로 규모가 아주 웅장하고 외관이 정말 멋있더라.

1517년에 마르틴 루터가 개신교의 종교 개혁의 시작을 알린 곳이어서 교회라고 불릴만한데, 아직도 성당이라는 명칭을 그냥 쓴대. 교회인지, 성당인지 알 수가 없어. 내 얕은 지식으론 그저 내부에 있는 성모 마리아의 존재 여부로만 판단했는데, 정확히는 모르겠네.

독일은 현재도 8개국과 국경을 마주하고 있고, 통일된 지도 150여 년밖에 안 되었으니, 두 번의 세계대전을 제외하고도 끝없는 전쟁의 연속이었어. 하긴 유럽 전체가 계속 전쟁이었지. 종교나 사상이 나라를 접수하거나, 민족을 내세우거나, 많은 나라와 국경을 접하거나 하는 것은 정말 골치 아플 것 같아.

하여튼 그 긴 세월 동안 파괴·약탈당하면서도 여러 번 증개축을 통해 다행히 현재까지도 그 아름다운 모습을 지니고 있어.

내부는 상당히 소박한데, 높이가 2m 넘고, 무게가 6.5ton 정도의 거대한 종부터 높이 86cm, 무게 469kg의 종까지 크기순으로 나란히 전시되어 있어. 규모가 정말 크고 처음 보는 광경이었어. 난 이렇게 화려하지 않은 성당이 참 좋아.

성당과 수도원으로 둘러싸인 사각형의 내부 정원도 있는데, 회랑을 따라 죽 걸으며 둘러보는 모습도 정말 아름다워.

날씨가 무척 좋아 엘베강 쪽으로 걸어가니 강변 양옆으로 주민들이 다 나와 앉아 있는 것 같아. 그동안 하도 날씨가 험악해서 나도 해가 나면 반가운데, 여기 사는 사람들은 어떻겠어. 진심 이해가 되면서, 나도 강변 벤치에 한참 앉아 화사한 햇볕 아래 아름다운 풍경을 한참 보며 앉아 있었어.

또 비록 이해는 안 되지만 재밌는 과정을 통해 밤늦게 베를린으로 돌아왔어. 정말 이래저래 기억에 남을 곳이었어. 왕복 서너 시간 생각했는데 여섯 시간 이상 걸려서 정말 피곤하네.

그래도 뭐 어때. 좋기만 하구먼.

5. 드레스덴

 난 드레스덴과 인연이 없나 봐. 벼르고 별러서 고속 열차 타고 갔는데, 가는 날이 장날이라고, 가는 곳마다 휴관 아니면 공사 중이야.
 레지덴츠 궁전과 알베르티눔은 무슨 일인지 동시에 휴관이고, 츠빙거 궁전은 땅도 무지막지하게 완전히 다 파헤쳐 놓은 대규모 공사 중이었어. 역에서 곧장 걸어가며 다 휴관이라는 걸 보니, 살짝 맥 빠져서 엘베강 변에 있는 브륄의 테라스에서 서성였어.
 그래도 한 달 이상 박물관과 궁전만 보고 지내서 머릿속도 뒤죽박죽이었는데 휴관하니까 못 봤지, 아니면 또 들어가서 몇 시간 들여다보느라 이 햇살도 못 받았을 거야.
 유난히 날씨가 따뜻하고 햇살이 좋은 날이었거든. 영국, 독일 다

니다 보니 햇살의 고마움을 뼈저리게 느껴서 이런 날은 여유롭게 강변에 서서 아름다운 경치를 보라고 해주는 것 같잖아.

 게다가 아름다운 교회에서 울려 퍼지는, 적어도 백 번은 치는듯한 종소리가 살짝 시끄러우면서도 어찌나 유럽을 실감 나게 해주는지, 친구에게 전화라도 해서 중계 방송하며 들려주고 싶었어.

 벤치에 앉아 한동안 아무 생각 없이 망중한을 즐기고 마이센 도자기 길을 보러 내려왔어.

 18세기 초 중국의 도자기를 부러워하던 작센 선제후 아우구스트 1

세 시절, 드레스덴 근교의 마이센에서 중국과 비슷한 도자기를 만들기 시작하면서 '마이센'이라는 브랜드의 유럽 도자기가 시작되었는데, 당시 중국 청화 백자 가격은 상상을 초월할 정도로 비싸서 같은 무게의 금과 같았다고 하잖아.

드레스덴 도시의 상징인 마이센 도자기 벽화는 역대 드레스덴의 군주를 그린 「군주의 행렬」이라는 작품이야. 16세기에 처음 제작할 시에는 회화였다가, 수차례 복원을 거쳐 1907년에 마이센 도자기로 보수하게 되었어. 25,000개 이상의 대형 도자기 타일이 사용된, 길이가 101m나 되는 아주 정교하고도 거대한 작품이야. 찬찬히 보다 보니 고개도 아프고, 독어를 몰라 다행이라는 생각이 드네. 난 이상하게 글자에 집착이 있어서 꼭 읽으려고 하거든. 모르는 글자 너무 좋아.

근데 이 도자기 타일은 볼수

록 빌레로이앤보흐 접시 색감과 똑같은 것 같아.

프라우엔키르헤(성모 교회) 꼭대기까지 올라가는 표를 끊고 교회 내부를 빙빙 돌아 꼬불꼬불 올라가다 나중엔 급경사의 사다리 계단을 타고 올라갔어. 겉에서 보기보다 꽤 높아.

바람이 날아갈 듯 불었지만, 아름다운 드레스덴 전경을 내려다보며, '저기가 어디였지, 저 다리를 건너봤어야 했는데….'라고 속으로 신나게 떠들며 즐겁게 한참 있다가 내려오려는데, 죽을뻔했어.

난 원래 공식적으로 고소 공포증이 있어. 그런데 요 근래 이상한데 가서 높은 데도 올라가 보고 케이블카도 타보고 해도 괜찮길래 나이가 드니 나아졌나 보다 했었어.

갑자기 계단 위에서 식은땀이 나면서 발이 안 떨어지고 엄청난 공포심이 드는 거야. 정말 손가락 하나 까딱할 수 없는 공포야. 이유도 없고 왜 그런지는 모르겠지만, 하여튼 이럴 땐 그저 기다리는 수밖에 없더라.

한참 후 정신 차리고 벌벌 떨며 내려오다 보니, 원형의 내부 공간을 빙빙 돌아 오르내리게 되어 있었는데, 내부 공간이 정말 멋있어.

천천히 빙빙 돌아 내려와 광장 카페에 앉아 쉬고 아쉬운 마음에 기차 시간까지 아름다운 건물들과 진열장 들여다보며 골목골목을 걸어 다녔어.

사실 박물관이나 유적보다 골목길 돌아다니는 게 최고인 듯싶어.

무사히 베를린으로 귀환했지만, 고소 공포증의 후유증은 상당히 오래가고, 지레 겁을 먹게 만들어 문제야. 그러나 뭐 어쩌겠어. 그렇다고 안 다니겠어?

6. 박물관들

　　베를리너 돔 옆 슈프레강 변의 여러 박물관이 모여 있는 곳을 박물관 섬이라고 하는데, 이름도 어려우니 목적에 맞게 잘 구분해 봐야 해.

이 동네 경치가 정말 좋아. 박물관을 안 가더라도 그저 아름다운 강변을 빙빙 돌아다니며 맛있는 커피나 디저트를 먹으며 앉아 있어도 좋고, 구경할 상점이나 음식점도 많아. 일단 박물관을 가려면 준비를 잘 해보자구.

가장 오래된 구 국립미술관(Alte Nationalgalerie)은 19세기 예술작품을 전시하고, 신 박물관(Neues Museum)은 고대 이집트 문화 예술에 중점을 두고, 구 박물관(Altes Museum)은 그리스 로마 예술이 중심이며, 보데 박물관(Bode Museum)은 고대 및 비잔틴 시대의 예술품을 전시하고 있어.

가장 최근의 페르가몬 박물관(Pergamon Museum)은 메소포타미아, 바빌론의 유적 등 거대하고 역사적인 건축물을 전시하는데, 수리 중이야.

이외에도 역사 박물관, 유대인 박물관 등이 있고, 티어가르텐의 베를린 컬처 포럼에 가면 베를린 국립 회화관(Gemaldegalerie), 공예 박물관, 장식 예술 미술관 등 아주 많은 박물관이 있어.

박물관들의 건물이 특색 있게 다르고 멋있어서 외관을 바라보고 주변을 둘러보는 것만으로도 건축 기행을 하는듯한 느낌이야. 대체

적으로 런던보다 물량은 적지만, 아주 치밀하게 계산해서 진열해 놓은 것 같아.

마침 구 국립미술관에서 Caspar David Friedrich 전시를 하길래 좋아했더니, 딱 내가 있는 동안만 전시를 쉰다네. 기가 막히지만 뭐 어쩌겠어.

이상의 박물관을 3일 동안 아침부터 저녁까지, 평생 다시없는 기회다, 생각하며 정말 열심히 보았어. 여러 박물관에서 보낸 시간은 두말할 필요도 없이 그냥 즐거움과 감사의 시간이야. 친절하게 같이 모여 있으니 베를린에 온다면 다만 몇 곳이라도 들러보길 강추해.

지난번 드레스덴에서의 고소 공포증 때문에 베를리너 돔은 걱정이 되어 매표소 앞에서 망설이다 포기했는데, 너무나 아쉽지만, 도저히 올라갈 수가 없었어.

베를린에서 가장 특이하고 꼭 가보려 벼르던 곳이 스파이 박물관이야.

이곳은 사설 박물관이라 따로 입장료를 내야 해. 그렇지만 자그마치 스파이 박물관인데 어찌 그냥 지나치겠어. 포츠담 광장 한쪽에 있는 건물이라 작은 줄 알았는데, 1층에선 흥미진진한 스파이의 역사와 기록에서 시작해 2층엔 온갖 첩보용 실제 도구들과 사용된 기록, 약물, 암호, 실제 사용해 볼 수 있는 장치들이 세심하게 진열되어 있어서 완전 스파이 세계로 들어온 듯해.

여기는 도구나 장치가 많아서 르 카레나 포사이드의 작품처럼 소리 안 나는 신발 신고 밤길을 조심조심 걷는 느낌보다는 〈미션 임파서블〉이나 〈007〉의 초기 버전 자료실 같은 느낌이 커.

마지막에는 스파이 영화를 모아놓고 볼 수 있게 해놓았는데, 난 거의 다 본 듯. 〈자칼의 날〉과 〈타인의 삶〉도 있는데 〈팅커 테일러 솔저 스파이〉가 없어서 살짝 서운했어.

가까운 곳에 있는 시립 박물관을 갔는데, 이상하게 입구에서 비행기 탈 때처럼 검색을 철저히 하는 거야. 난 건축 전시 보러 왔는데 참으로 이상한 일이다 생각했더니, 착각하고 바로 옆에 붙어 있는 유대 박물관에 들어온 것이었어. 박물관이 너무 많은 것도 문제야.

몸수색 휴대품 수색 다 하고 내부로 들어서니 참으로 철저하게 통계가 많아서, 전쟁 당시의 수많은 기록과 종전 후의 기록들, 이를

테면 독일에서 태어난 유대인은 몇 명이고, 같은 시기 미국에서 태어난 유대인은 몇 명이라고 상세한 숫자를 기록해 두었는데, 이런 기록이 수만 가지야. 독일인이 철저한지, 유대인이 철저한지, 합작으로 인한 시너지인지 하여튼 대단해.

금속으로 된 얼굴 형상을 바닥에 잔뜩 깔아놓고 걸어야 하는데 소름 끼치게 빠득거리는 금속음이 들리는 거야. 정말 그 얼굴을 도저히 밟고 걸을 수가 없더라.

처음엔 잘못 들어왔다고 빨리 보고 나가려 했는데, 볼수록 볼만해서 정성껏 만들어 놓은 분들에게 죄송하지 않게 정성껏 보았어.

유대인의 역사와 핍박받았던 과거, 역사에 남은 위인들과 예술가들의 작품들이 총망라해서 전시되어 있어. 박물관 분위기는 아주 조용하고 진중해.

베를린은 음식이 맛있고 먹을 게 많아서 나같이 채식하며 까다롭게 구는 사람에게는 최고인 듯해. 유튜브에서 마크트할레(Markthalle)의 파스타집을 보고 가봤는데, 트러플 파스타에 내가 평생 먹었던 것보다 많은 트러플을 얹어주더라구. 뭐, 맛이야 두말할 필요도 없고. 파스타뿐 아니라 시장 안에 여러 나라 음식이 많아서 이것저것 먹어보느라 여러 번 갔어. 교통이 좀 불편하지만 가보면 좋을듯해. 우리에겐 구글 지도가 있잖아.

7. 포츠담

포츠담을 정말 가보고 싶었어. 이번에 감사하게도 평생 가보고 싶었던 곳 몇 군데를 갈 수 있었는데, 이곳이 그중 하나야.

포츠담은 베를린에서 25km 정도 떨어진 아주 가까운 도시야. S반이나 기차를 타고 30여 분이면 포츠담에 도착하고, 다시 버스 타고 15여 분 가면 그 유명한 상수시 궁전(Schloss Sanssouci)에 도착해. 포츠담은 아주 정결하고 아름다운 건축물이 많은 도시여서 버스 타고 가는 내내 열심히 내다보았어.

이 궁전은 정원은 무료이고, 내부를 보려면 미리 인터넷으로 예약해야 해. 영어 오디오 가이드라 난데없는 듣기 평가 상황이지만, 이 궁전에 대한 약간의 기본 지식만 있다면 어렵지 않게 이해할 수 있어.

이곳은 프로이센 왕국 호엔촐레른가의 여름 궁전으로, 프로이센의 3대 국왕인 프리드리히 2세(1712~1786)가 1747년에 지은 로코코식 건물인데, 유명한 계단식 정원은 사진으로들 많이 봤을 거야.

이 왕이 워낙 흥미진진한 인물이니 간단히 설명해 볼게.

원래 아버지인 프리드리히 1세의 셋째 아들인데, 부친의 성격이 워낙 난폭하고 고약한 데다, 위의 형들이 이상한 일로 죽어버리는 바람에 원치 않게 왕이 되었어. 부자간의 갈등이 아주 심했고, 게다가 프리드리히 2세는 성적 취향도 특이한데, 이 폭력적인 아버지가 아들 앞에서 아들의 연인을 처단하는 등, 여러 가지 말도 안 되는 심한 일들을 겪었어.

할 수 없이 오스트리아 귀족녀와 결혼도 했지만, 평생 거의 안 보고 각자 평화롭게 지냈는데, 당연히 후손은 없어서 조카가 왕이 되었지.

어려서부터 워낙 총명한 데다 씩씩하고 학식도 뛰어난 팔방미인이었다네.

볼테르를 모셔 와 가까이 지낼 정도로 학문에도 뛰어난 계몽 군주였고, 정치적으로도 군사적으로도 뛰어나 7년 전쟁에서도 승리를 거두고, 온 국민이 굶는 일이 없도록 감자를 들여와 보급해서 감자 대왕이라고도 불렸다네.

샤를마뉴, 나폴레옹과 함께 유럽의 위대한 지도자 중 한 명으로 손꼽히며, 히틀러가 그를 무척 존경했다고 해. 이렇게 문화, 예술, 철학, 정치, 군사 등 온갖 분야에서 믿을 수 없는 훌륭한 일을 다 했다는데, 게다가 이렇게 멋진 궁전들도 지은 거 아니야. 어디선가 읽은 기억으론 《삼국지》의 주유와 조조를 합친듯한 사람이라고 했어. 정말 대단하지?

궁은 단층이고 규모가 그리 크지는 않아서, 방도 10여 개밖에 안 되는데, 방마다 다 다르게 화려하고 창의적인 다양한 방식으로 장식이 되어 있어. 이렇게 홍콩 양단 병풍 같은 방도 있더라구.

내부 관람은 인솔자를 따라 다니게 되어 있지만, 워낙 규모가 그리 크지 않아서 시간이 오래 걸리지는 않아.

성에서 나와 정원을 내려다보면 감탄이 절로 나와. 특이한 계단식 포도밭 아래로 내려가면 넓은 바로크식 정원이 펼쳐져 있고, 분수대를 중심으로 조각상들도 아주 많아. 지금은 계절이 일러서 포도나무 싹이 겨우 나와 있는데, 여름에 포도송이가 주렁주렁 달리면 그 모습이 정말 장관이겠어. 참으로 기발하지.

　당시 유럽 귀족들이 중국 도자기를 무척 좋아해서, 궁전 여기저기를 청화 백자로 장식해 놓고 중국풍 실크와 그림들도 많이 두더니, 정원을 지나 숲길을 걷는데 난데없이 중국풍의 찻집 같은 건물이 나타나서 신기했어.
　울창한 숲길을 따라 1km 이상 걸어가는데, 정말 아름다운 산책길이었어.
　날이 추워도 부지런한 노란 꽃들은 카펫처럼 피어 있고 새들은 정말 정성을 다해 열심히 노래해 주는 거야.

그래서 나의 목적지 신궁전(Neues Palais)에 도착했어. 숲길을 걷다가 멀리서부터 위풍당당한 붉은 궁전이 보이는데, 가슴이 두근두근하는 거야. 숲길 끝에 넓은 광장이 있고 그 너머에 있는 거대한 조각들과 붉고 웅장한 건물들을 보며, '내가 결국 여길 왔구나…' 하는 감사한 마음이 들었어.

멀리서 보면 그저 반듯하고 거대한 건물로 보이지만, 조각들과 부조 등 장식 디테일이 장난 아니야. 정면 외벽에는 희랍 신화 주제의 조각들이 멋지게 서 있는데, 이름들이 다 붙어 있어서 알아볼 수 있었어.

건물 뒤쪽으로 돌아가야 궁전 내부로 들어갈 수 있어.

실내 관람은 상수시 궁전 예약에 같이 포함되는데, 상수시는 10~15분 단위로 정확하게 예약시간이 정해지지만, 이곳은 그냥 대기하면 되는 걸 보면, 아무래도 이쪽은 방문이 그리 많지 않나 봐. 역시 영어 오디오 가이드만 가능하지만, 마찬가지로 기본 지식만 조금 있으면 대충 이해할 수 있는 정도였어.

안 그래도 듣기 평가 수준이라 잔뜩 신경 써서 듣고 있는데, 가이드분이 한국 관광객은 잘 안 온다면서 어찌나 친절하게 따로 설명을 많이 해주시는지, 그저 마구 웃으며 알아듣는 척하느라 사실 고생 좀 했어. 정말 영어를 잘한다면 얼마나 얼마나 좋을까.

내부는 상수시 궁전과는 완전히 달라. 상수시 궁전은 아기자기 예쁜 장식인데 이곳은 넓고 대범한 스타일이야. 실내는 이상하리만치 춥더라. 그래서 또 건방지게 왕이 불쌍했지.

방들이 크고 장식도 시원시원하고, 신기하게 조개껍질로만 만든 방도 있어.

이 궁전의 뒤쪽 부속 건물들은 포츠담 공대가 사용하고 있다니, 진작 알았더라면 젊었을 때 공부 열심히 해서 이 대학 다녀볼걸, 그걸 몰랐네.

언제나 그런진 모르겠지만, 기차역에 경찰들이 무척 많았어. 체격이 크고 당당한 여자 경찰도 많은데, 방탄조끼 비슷한 걸 입고 조끼 속에 양손을 집어넣고 침착한 눈초리로 주변을 살피는데, 엄청 믿음직스럽고 멋있더라.

2024년 4월
뉘른베르크

1. 뉘른베르크 도착

 어제 나의 최종 목적지 뉘른베르크로 왔어. 독일에서 기차를 타는 것은 정말 어려워. 그나마 급행 열차로 예약한 것이지만, 일등석이 아니고는 좌석제가 아니어서 수십 년 전 우리나라에서 기차 타는 것과 같이 먼저 타는 사람이 임자야. 게다가 좌석도 한 방향이 아니고 이리저리 불규칙적이라 역방향 잘못 타면 가는 내내 멀미하고 햇볕에 레이저 맞을 수도 있어. 어찌어찌 커다란 트렁크를 들고 기차 타서 감사하게도 좋은 좌석에 앉아 뉘른베르크에 잘 도착했지.
 난 이 도시를 정말 작은 소도시로 생각했는데, 기차역 복잡하기는 베를린보다 조금 덜하고 지하철도 있고 버스 노선도 많은 거야. 바이에른 지방에서 뮌헨 다음으로 큰 도시라는 것을 들었지만, 그저

 유럽의 작은 소도시라고 짐작만 한 거야. 제대로 알지 못하면서 지레짐작으로 잘못 알고 있는 게 얼마나 많은지 몰라.
 기차역에서 호텔까지는 700여 미터인데, 가방 끌고 걷기도 애매해서 지하철을 타려니 오르고 내리고 여간 복잡한 게 아니네.
 한 정거장 가서 내려 호텔을 찾으니 바로 센터, 그야말로 최고 위치의 스튜디오야. 여기도 무인 체크인이라 뭐 나름 쉽게 카드까지 만들어 방으로 올라갔어. 오래된 건물을 고쳐서 호텔로 사용하는 것이라 살짝 낡았지만, 나름대로 맛이 있어. 역시 주방과 욕실 포함 작은 스튜디오인데, 꼭대기 층인 걸 보니 옛날 지붕 밑 하녀 방이었을

것 같아. 중세 도시에서 하녀 체험해 보는 것도 재미있겠지. 난 하녀 체질인 듯 이 방에서 밤마다 빗소리를 들으며 꿀잠을 잤어.

 창문을 여니 바로 로렌츠 교회가 눈앞에 마주 서 있는 거야. 밤의 로렌츠 교회는 너무나 멋있어. 공사 중이라 끝내 못 들어갔지만.

 독일 전체가 공사 중인 듯한데 도대체 무슨 일이 있는 거야. 복권이라도 당첨된 거야?

2. 뉘른베르크

 아침에 뉘른베르크 성에 가려고 나섰어. 구시가는 정말 작고 성까지는 20여 분 걸으면 되겠더라구. 호텔을 나서보니 바로 옆에 스타벅스나 Five Guys, 코스, 자라 등이 있으니 정말 센터에 묵는다는 것의 장점을 실감하네. 코스나 자라 매장에 들어가면 집 떠나 멀리 온 기분이 안 들어 좋아.
 날씨가 언제 변할지 몰라서 부지런히 경사가 급한 가파른 길을 따라 성으로 올라갔어. 성 아래에서 올려다보니 1,000년도 더 된 이 중세 요새형의 성이 너무 멋져서 감탄의 한숨부터 나오네.

일단 빙 돌아가며 아름다운 시내를 내려다보고, 작은 정원들도 들여다보았어. 요새형의 성이라 커다란 돌로 만들어진 성벽의 두께가 손뼘재기로 재보니 1.5m는 되는듯해.

성 자체의 규모는 그리 크지 않고, 내부엔 소규모의 박물관이 있는데, 조촐하면서 알찬 전시물들이 있어.

신성 로마 시절부터 자유 제국 도시였고 선제후들의 회의가 열렸던 번성했던 시절의 뉘른베르크를 알아볼 수 있도록 해주네. 신성 로마 제국의 황제인 카를 4세의 황금관과 선제후들의 초상화 등이 있어, 보기 편할 정도의 전시물과 규모야.

성에서 나오면 여러 방향 길이 있어. 정문으로 나와 쭉 내려가면 센터까지 큰길로 내리막 직진이고, 정문으로 내려와 오른쪽으로, 왼쪽으로 각각 성곽 길을 따라 걸을 수 있어. 뒤쪽 정원으로 나가면 한 바퀴 둘레를 돌 수도 있어.

난 다 해봤지. 시간 많은 여행자의 이점이야. 어디서나 관광객들이 아무리 많아도 그저 한 블록만 벗어나면 한적해지는 게 참 이상하지만 고맙기도 해. 덕분에 나는 호젓하게 성벽을 따라 걸을 수 있었어.

성에서 조금 내려오면 장난감 박물관 건물도 있어. 아이들을 데려가면 미쳐버리겠지만, 다행인지 판매는 안 하더라.

게르만 국립 박물관은 상상 이상이야. 베를린에도 역사 박물관이 있지만, 난 이곳이 훨씬 알차다고 생각

해. 세계의 모든 유물이 아니라 오직 게르만 민족의 역사만 전시한 박물관이야.

난 내가 평생 영국 취향인 줄 알았는데, 이제 보니 완전 독일 취향이더라구. 하여튼 겪어봐야 알아.

나귀를 탄 예수님 목조각은 박물관마다 여러 버전이 있는데, 난 어디서나 이 조각이 제일 좋아. 소박하면서 당당하고 애잔하게 성스러우신 모습이야.

시내를 돌아다니다 만난 이름 모를 교회 앞의 조각이 박물관에 전시된 유명 조각보다 더 큰 울림을 주더라.

이 도시는 골목골목이 너무 예뻐서 그저 발 닿는 대로 여기저기 걸어보는 것을 추천하고 싶어.

호텔 앞 작은 마트에서 불닭볶음면 여러 종류를 팔더라구. 깜짝이야. 정말 인기가 많은가 봐. 저렇게 종류가 많은 걸 뉘른베르크에 가서 알았다니까. 3,700원 정도 하네. 그러나 아쉽게도 난 라면을 못 먹는다네.

호텔에 세탁기가 없어서 빨래방을 찾아 나섰어. 1km쯤 떨어진 변두리 빨래방에 갔더니, 방금 동쪽 나라에서 오신듯한 꽃무늬 스카프를 쓴 할머니 한 분과 파키스탄이나 시리아쯤에서 오신듯한 할아버지들이 묵묵히 가득 앉아 계시네. 나도 깜짝 놀랐지만, 그분들도 난데없는 동양 할머니를 보고 놀라시는 듯.

오로지 독어로 뭔가 복잡한 설명이 붙어 있길래 핸드폰 높이 들고 구글 렌즈로 번역하는데, 스카프 쓴 할머니가 용감하게 잡아끌며 이리이리 여기 동전 넣고…. 기타 등등 손짓과 알 수 없는 말로 알려주셨어. 빨래 넣고 앉아 있기도 뻘쭘해서 나와서 한 시간 이리저리 돌아다니다 다시 갔더니, 아직도 묵묵히 다들 앉아 계시더라구. 친절한 할머니 설명으로 건조기에 옮겨 넣고 나란히 앉아 눈 마주치면 그저 웃기를 40여 분 하고 나오려는데, 할머니가 안아주다시피 하시는 거야. 가슴이 찡하더라구. 각자 지구 끝에서 와 독일 시골 빨래방에서 만나는 것도 보통 인연은 아니지. 아이고…. 감사해라.

3. 뒤러

시청사 바로 앞에 위풍당당 동상이 서 계신데, 그분이 바로 존경하옵는 알브레히트 뒤러 되시겠어.

이 스마트하고 샤프한 화가 뒤러(1471~1528)는 동시대의 미켈란젤로(1475~1564) 혹은 다빈치(1452~1519)와 비교가 되곤 해.

북유럽 르네상스의 대표 화가이면서 동시에 인문학자로 수많은 판화와 드로잉, 수채화, 제단화 등을 남겼고 인체 비례나 미술 이론에 대한 논문도 많이 썼어.

　드물게 상업 작가로서 생전에 명예와 부를 쌓았고, 사망한 후엔 데스마스크로도 만들어지고, 머리카락도 빈의 조형 미술 아카데미에 전시되어 있을 정도로 독일 미술사에 비교할 인물이 없는 숭배의 대상이었어. 그가 제작한 수많은 판화와 드로잉, 제단화, 자화상들이 워낙 유명해서, 알게 모르게 많이들 보았을 테지만, 막상 뒤러라는 이름은 좀 생소할 수도 있어. 그러나 화가 이름 모르면 어때. 그림 보고 좋으면 그만이지.

　나에게 뒤러의 작품은 뭔가 문제를 풀어보라고 던져주는 듯한 느낌이야.

　뒤러의 집은 언덕 위 뉘른베르크 성 거의 다 가서 있어. 여길 얼마나 오고 싶었던지, 문을 들어서며 정말 감격했어. 난 원래 전혀 감성적이지 않은데, 이번 여행에서 평생 원하던 것을 많이 해보게 되어 감정을 남발하는 중이야. 남은 평생 쓸 용기와 감성을 다 모아 써버리는 듯싶지만, 하나도 아깝지 않아.

 집은 그리 넓지는 않고 5층 정도인데, 대부분의 원본 작품들은 큰 미술관에 전시되어 있어서, 여기는 모작이거나 후배들이 뒤러풍으로 그린 그림들이 전시되어 있어. 그래도 실제 뒤러가 거주했을 때 사용했던 가구나 판화 제작기, 염료, 화구 등, 집기와 도구들이 그대로 남아 있어서 시공간을 초월해 생생하게 느낄 수 있었어.
 5층은 뒤러의 작품으로 타투를 하는 숍이라 깜짝 놀랐어. 뉘른베르크 시장님을 만날 기회가 있다면, 제발 시정해 달라고 건의하고 싶어.

> ↑ **Pfannenschmiedsgasse에서 Brunnengasse 방면 북쪽으로 걷기**

그런데 독일어 단어는 왜 이리 긴 거야. 아무리 들여다봐도 어떻게 읽어야 할지 감이 안 잡히네. 이런 언어를 어린아이도 한다는 게 참 신기해.

4. 뮌헨

이 지방의 기차여행은 정말 좋아. 나의 짧은 경험에서 베를린 부근은 평지였는데, 바이에른으로 내려오니 완만한 경사가 있어서 기차 타고 다니다 보면, 비스듬한 초록 언덕 위의 교회를 중심으로 아기자기한 집들이 너무 예쁜 거야. 마치 아름다운 그림을 잘 볼 수 있도록 누군가 도화지 한쪽 끝자락을 살짝 비스듬히 기울여 주신 느낌이야.

그래서 오늘도 아름다운 풍경을 보며 뮌헨을 다녀왔어. 유채꽃밭이 어찌나 넓은지, 기차를 타고 한참을 지나갈 정도야.
땅은 넓어야 하고, 비도 많이 와야 좋은 것 같아.
뮌헨에선 우선 유명한 시청사를 바라보며 광장에서 느긋하게 정말

맛있는 커피를 마셨어. 오랜만에 대도시로 나온 김에 여기저기 옷가게도 구경하고 백화점도 둘러보았지. 그리고 내 사랑 알테 피나코테크를 갔어. 시간이 되면 님펜부르크 궁전도 가보려 했지만.

근데 오늘은 날씨가 기차 타고 한 시간여 오는 동안 다섯 번은 바뀐듯해. 정말 이렇게까지 변덕스러울 일이냐구. 게다가 버스 타고 알테 피나코테크 가는데, 내릴 때쯤엔 후드득 하며 우박인지 싸라기눈인지도 흩뿌려 주셨어. 지금이 4월 말이며 공식적으로 꽃 피는 시기라는 건 나만의 오해야?

이곳엔 르네상스부터 바로크, 로코코 시대의 작품들을 전시하는

알테 피나코테크와 19~20세기의 예술 건축 디자인 그래픽을 전시하는 피나코테크 데어 모데르네가 같이 있는데, 난 알테 피나코테크만 갈 수 있었어.

  알테 피나코테크는 규모가 굉장히 큰데, 일단 내부의 계단부터 정말 멋져. 2층으로 올라가는 계단이 양쪽으로 마주 보며 아주 높고 웅장해. 이 건물의 이 계단만 봐도 여기 온 보람이 있는듯해.

　전시물도 워낙 많은데, 뒤러 작품의 대부분을 전시하고 있어. 그 외 존경하옵는 렘브란트와 루벤스 등 많은 예술가의 많은 작품이 전시되어 있어. 그리고 보니 신기하게 내가 좋아하는 두 분, 뒤러와 렘브란트는 다 자화상 그리기를 좋아한다는 공통점이 있었네.
　렘브란트의 예수님 그림은 정말 특이해서, 내가 어디를 보든 나를 바라보시는 것 같은 거야.

 종일 눈인지 비인지 계속 오고 추운데 기차가 연착이네. 친절한 안내 방송도 없고, 플랫폼에는 불평 없이 묵묵히 기다리는 사람들로 가득 찼어. 언제 기차가 올지 몰라 목을 빼고 서서 음료를 마시고, 초코바를 먹으며 한 시간을 기다리니 기차 도착. 생난리를 치며 겨우 탑승. 이건 뭐 피난 열차도 아니고 정말 신기하더라.
 생각해 보니 매일 날씨부터 이렇게 시련에 들게 하는데, 이루 불평하고 살 환경은 아닌듯싶네. 어쩌겠어.
 그래서인지 무척 침착한 듯해. 하여튼 단련이 되어야 해.

5. 나치

우리는 당시 일제 강점기여서 1차 대전이나 2차 대전에 대해 잘 실감을 못 하잖아. 독일을 다녀보면 정말 양차 세계 대전의 전쟁터였다는 것이 실감이 나더라.

왜 하필 나치가 이곳에서 전당 대회를 열었고, 왜 종전 후 전범 재판이 이곳에서 열렸나 오랫동안 궁금했어. 물론 어떻게 그런 집단 광기가 발생할 수 있었는지가 더 의문이었지만.

국민학교 때 〈전투〉라는 TV 드라마를 열심히 봐서 세상에서 독일 놈이 제일 나쁜 놈인 줄 알았잖아. 좀 커서 〈뉘른베르크의 재판〉이라는 영화를 보며 나치에 대한 관심이 생긴 것 같아. 막시밀리안 셸이 독일 측 변호인으로 나와 열정적으로 변론을 하던 모습이 정말 인상적이었거든.

　간단히 말하자면 다 명령을 받아서 행한 업무일 뿐이었고, 유대인 학살에 대해서는 몰랐다. 또한 너희들이 했던 이러이러한 일들도 다 책임이 있는 거 아니냐. 뭐 그런 얘기였던 듯해. 그렇다면 잘못한 사람은 아무도 없거나, 우리 모두가 잘못이라는 얘기인가? 물론 피고들의 변호인이기에 그랬겠지만. 배우는 좋았지만, 변론은 공감이 안 갔어. 하긴 저기서 무슨 공감 가는 변론이 나올 상황은 아니지.

　어쨌든 막시밀리안 셸을 아주 좋아했어. 〈알토나의 사형수〉라는 영화도 오랫동안 기억나는데, 뉘른베르크에서 알토나 가는 기차가 있는 거야. 그렇다고 거길 가보기도 그렇고…. 하여튼.

　뉘른베르크 전범 재판소를 갔어. 여기도 영어 오디오 가이드만 있어. 영화와 똑같은 장소, 구조로 재판석, 변호사, 검사, 피고인석, 출입구 창문까지 완전 똑같아서 실감이 나더라. 학생들 단체 견학도 많았는데, 10대 청소년들 특유의 가벼움이 없이 진지하고 조용하게 견학하는 게 진짜 인상 깊었어. 여러 곳에서 그런 느낌을 받았는데, 원래 독일인들의 성품이 그런 건지, 장소가 그래서인지는 모르겠네.

　1층은 재판정이고, 2, 3층은 당시의 기록물 전시장이었어.

　독재자야 물론 나쁜 사람이지만, 사우론도 아니고, 오직 그 한 사람만 나빠서야 어찌 수백만을 움직이겠어. 주변에 비슷한 인간들이 모여 집단을 이루고, 무심한 대중이 그저 따라가다 돌이킬 수 없는 길로 간 게 아닌가 싶어.

　1945년부터 1946년까지 열린 재판은 스물네 명의 전범들에 대한 것이었는데, 과정에서는 연합국 측과 러시아 측의 의견이 너무 달라 조율도 문제였어. 러시아는 독일과 불가침조약을 맺은 상태에서 당했는데, 2,500만 명 이상이 사망하고 부상자가 1,000만이 넘는다니 악을 쓸 만도 하지.

　결국 수뇌부 몇십 명만 사형·종신형을 선고받았는데, 괴링은 총살형이 아니라 교수형이라 치욕스럽다고 집행 전날 자살했고, 헤스는 종신형을 받았는데, 감옥에서 편하게 90세까지 살다 자살했다니기가 막히네. 나머지 대부분은 사회에 복귀하여, 그저 직업상 명령에 충실했을 뿐이라는 말이 사실이 되었나 봐. 하긴 어느 정도까지 처벌을 할지 기준점을 어찌 잡겠어. 그렇지만도 태산명동서일필 느낌이야.

자신들이 나쁜 짓을 했다는 것을 본인은 정말 모를까? 〈뮤직 박스〉라는 영화에서는 과거 자신의 행위가 나쁜 짓이었다는 걸 아는지 자식들에게도 끝내 감추려고 하는데, 양심이나 상식은 사람마다 다르고, 편의에 따라 사라져 주기도 하나 봐.

마지막에 1946년 도쿄에서 열린 극동 국제 군사 재판에 대한 기록도 간략하게 있어. 이 재판의 결과는 더욱 초라해서 말할 것도 없네.

나치 기록물 보관소는 트램을 타고 갈 수 있는데, 아름다운 호숫가의 공사 중인 듯한 건물 안에 있어. 나치 전당 대회는 바로 옆의 체펠린 비행장에서 열렸는데, 아직 공터로 남아 있어. 역시 영어 오디오 가이드만 있고 나치의 발생부터 많은 기록물이 연대별로 전시되어 있어.

왜 하필 이곳에서 나치 전당 대회가 열렸는지에 대해서는 다음과 같은 여러 이유가 있어.

뉘른베르크는 지리적으로 독일의 중심에 위치해 있는 데다 도시의 도로망이 잘되어 있었고, 사회적으로는 노동자 계급이 많았고, 당시 지사가 나치의 열렬한 신봉자였고, 신성 로마 제국 시절부터 선제후들의 회의가 이곳에서 열렸기 때문에 그걸 계승한 제3제국이라는 의 미도 있고, 등등이 이유였어. 또한, 히틀러는 뉘른베르크를 가장 독일적인 도시라고 부르며 좋아했다고 해.

그러나 왜 사람들이 거기에 동조하고 집단의 광기를 발휘했는지는 이해가 안 되지만, 그 시대를 겪어보지 않고 어찌 이해하겠어.

이렇게 써 있네. 이해를 하는 게 아니라 무조건이란 말이잖아.

'Nazi was not intended to be discussed or understood, but primarily to be experienced.'

아름다운 풍광과 대비되는 끔찍한 기록을 보니 인간의 본성에 대해 회의가 느껴지네.

7월에는 이 호숫가 공연장에서 이제는 이름도 가물가물한 Suzi Quatro, Manfred Mann's Earth Band, Wishbone Ash 등의 콘서트를 한다고 포스터가 붙어 있네. 이런 야외 공연장에서 그런 공연을 본다면 어떤 느낌일까. 부럽다, 부러워.

생각난 김에 찾아보니 Suzi Quatro 언니는 나보다도 6살이나 많네. 호오…. 내가 이렇게 혼자 여행 다니는 건 아무것도 아닐세.

6. 로텐부르크

독일에선 49유로라는 저렴한 패스로 한 달 동안 특급 기차를 제외한 시내의 모든 대중교통 수단과 R로 시작하는 지방 기차 등을 다 이용할 수 있어서 정말 편하고 좋아.

단점은 어차피 불특정 다수가 다 이러저러한 패스를 이용하니 좌석 예약도 안 되고 기차가 도착하면 몰려들어 타야 해서 전전긍긍 기차 오기만 바라보고 있다가, 도착하는 순간 승객이 내리자마자 빨리 타야 해. 경쟁이 아주 치열해. 표 검사를 꼭 하니 핸드폰의 QR코드를 보여줄 준비 해놓고 있는 게 좋아.

뉘른베르크는 근처에 유명한 중세 도시들이 많아서 다니기 참 편리해. 매일 아침 9시쯤 기차 타고 한 시간여 걸리는 주변 도시 가서 돌아다니다 6시쯤 뉘른베르크로 돌아오는 일정을 계속하고 있어. 하도 기차를 타고 돌아다니다 보니 여기가 독일인지 한국인지, 기차가 KTX인지 독일 기차인지, 옆 사람이 한국인인지 외국인인지 무감각해졌어. 뭐, 아무려나 다 그게 그거지, 뭐.

시간표에 있는 기차가 갑자기 없어지는 황당한 일도 많아서, 화도 안 나. 기차역 간이 카페에서 사람들 틈에 서서 커피 마시며 샌드위치 먹는 일도 아무렇지 않아졌어.

독일에서 따로 고속 열차도 몇 군데 탔지만, 이 한 달 패스를 워낙 많이 사용해서 4월 이용자 중 Top 10에 들지 않을까 싶어.

오늘은 로텐부르크를 다녀왔어. 여기가 장난감 같은 아기자기 오밀조밀 아름다운 도시로 유명하잖아. 근처에 있는데 인사차 가봐야지.

거리는 가까운데 직행이 없고 기차를 세 번 타야 해서 시간표를 잘 확인해야 해. 기차로 30여 분 가서 내리자마자 건너편에 있는 두 칸짜리 기차 타고 30여 분 갔다가 다른 기차 타고 또 그 정도 가야 해. 재밌어. 이 중간에 타는 기차는 완전 마을버스 같아 재밌더라.

로텐부르크역에서 10분 정도 걸으면 구시가가 나오는데, 친절하게 성곽으로 둘러싸여 있어. 중세 시대 마을을 둘러싼 성곽이 그대로 보존되어 있는 곳이 독일에 세 군데쯤 되는데, 그중 하나가 이 로텐부르크야. 이런 성곽을 안 걸으면 실례겠지.

 높은 탑을 만들어 놓거나, 벤치를 만들어 놓거나 만든 사람들이 고심해서 그 위치에 꼭 그게 있어야 한다고 생각해서 만든 거잖아. 더구나 이런 중세 성벽은 방어용이라 한눈에 외부의 상황을 다 볼 수 있게 만들어 놓은 것이라 경관이 아주 무척 좋아.
 좁은 성곽 길을 따라 마을을 내려다보며 걷다 보니 벽에 이름들이 써 있는데 일본사람들이 많은 거야. 일본사람들이 이곳을 무척 좋아했다는데, 아마도 성곽 재건에 도움을 준 사람 이름이 아닐까 싶어. 성곽을 다 걷고 내려와 마을로 들어서 집들을 보는 순간 정말 놀랐어. 도대체 이런 색채감각은 언제 어디서들 교육을 받은 거야.
 하긴 배워서 될 일은 아니라고 보지만.

건물도 아기자기하지만, 장난감 같은 아기자기한 상품을 파는 곳도 많고, 골목에 풍선을 띄워 축제 분위기를 연출하는 등 살짝 롯데월드 분위기도 나네.

구시가를 한 바퀴 돌아보는데 몇 시간 안 걸려서, 골목골목 돌아다니며 아름다운 경치에 감탄해 보고 의외로 부드러운 슈니발렌 먹어보고, 기차 세 번 타고 돌아왔다네. 아이고, 힘들어.

7. 뷔르츠부르크

 뷔르츠부르크라는 곳은 뉘른베르크에서 100km 정도 떨어진 곳으로 기차로 한 시간여면 도착해. 아름다운 고성들과 풍광으로 유명한 로맨틱 가도의 출발지이기도 해.

 기차역에 도착하니 광장에 특이한 전시물들이 있는데, 2차 대전 당시 희생된 유대인들의 가방이나 소지품들을 그대로 재현해 전시해 놓은 것이야. 실제 소지품들을 소재로 만든 거라 주인들의 이름과 주소까지 적혀 있는데, 어떤 기록물보다 가슴에 와닿더라.
 대부분 기차역에서 센터까지는 1km 정도 되고, 교통 패스도 있지만, 난 거의 걸어 다녀. 그 도시와의 첫 대면이라 놓치고 싶지가 않

은 거야.

걸어서 20여 분 만에 레지덴츠에 도착했어. 구글 지도 고마워.

　이 레지덴츠는 주교관으로 1720년대에 공사를 시작했는데, 규모가 정말 커서 방이 300여 개나 되고, 세계 최대의 프레스코화가 있는 계단의 방으로도 유명해. 실제로 보니 계단의 규모도 엄청나고 천장화와 더불어 무척 화려하고 아름답더라.

뷔르츠부르크는 2차 대전 당시 연합국의 폭격으로 도시의 90%가 파괴되었대. 당시의 사진과 기록물들, 복원 과정이 정말 세밀하게 전시되어 있어서 전쟁의 참상이 그대로 느껴지는 곳이었어. 전쟁의 피해는 '그 전쟁을 누가 시작했느냐.'와 상관없이 모두가 받는 거잖아. 당시의 사진을 보니 정말 끔찍하더라.

정면 쪽 정원에 분수와 조각들이 너무 아름다워서 한참 앉아 있다가 후면으로 가니 그쪽에는 더 넓은 정원이 있는 거야. 영국도 독일도 이런 궁전 같은 곳에 가면 정원이 여러 곳에 분산되어 있으니 한 곳만 보고 돌아오면 안 되겠더라구.

다시 시내로 나가 지도도 안 보고 이리저리 마구 걸어 다녔어. 나는 참 걸어 다니며 구경하는 거 진짜 좋아하는 것 같아. 대충 알았던 나의 성격에 나도 놀라는 중.

마인강의 알테 마인교는 프라하 카를교와 비슷한 느낌이야.
다리를 건너다 보니, 저 위쪽에 마리엔부르크 요새가 보이는데, 어찌 안 가보겠어.

구글 지도를 보며 부지런히 걷고 있는데, 한 중년 여성이 지나가다, 저 요새에 가느냐고, 먼 길과 지름길 중 어느 쪽이 더 좋냐고 물

어보는 거야. 당연히 가까운 길이 좋다고 얘기했지. 이곳 주민인데 본인도 혼자 여행 다니는 걸 좋아해서, 작년엔 서울과 제주도도 다녀오셨다네. 우산과 목도리를 꼭 갖고 다니라고 충고도 해주시며 빠른 길을 알려주셨어.

마침 피자집이 있길래 먹으러 들어갔는데, 치즈를 큰 손으로 한 주먹 가득 집어넣고 구워준 마르게리타 피자가 얼마나 맛있는지 몰라. 너무 커서 반밖에 못 먹었고 남겨서 미안하다고 말했는데, 말이 안 통하니 커다란 종이 도시락에 싸주며 부득불 들고 가라는 바람에 그 큰 걸 들고 마침 오기 시작한 빗속을 걸어서 계단을 하염없이 올라갔어. 의외로 상당히 높아서 가파른 계단을 오르느라 숨이 너무 차서 힘들어질 때쯤 겨우 다 올라갔어.

뉘른베르크

요새 특유의 터널 같은 입구를 지나니, 짜잔~ 공사 중! 아니, 저 아래 입구에 공사 중이라 써놓으면 안 되냐구!

하여튼 공사 중인 트럭 옆에서 한숨 쉬고 아름다운 시내 전경만 한참 내려다보다 내려왔어.

그런데 입구에 공사 중이라고 붙여놨더라면 큰일 날뻔했어. 그거 보고 포기했더라면 오르고 내리며 이 아름다운 경험을 못 했을 거 아니야. 마구 고마워지더라.

천천히 내려오는데, 이 세상 경치가 아닌듯해. 어찌 된 일인지 오가던 사람들이 하나도 없고, 나 혼자만 온 천지 하얀 꽃이 잔뜩 피어 있는 산속 내리막길에 있는 거야. 또 길을 잘못 든 것인가 봐. 가끔 내가 정신이 팔려서 이상한 길로 잘 가거든. 혼자만 살짝 보라는 것 같아서 긴가민가하며 내려오다 보니 난데없이 오밀조밀 일본식 정원도 나타나고. 이거 정말 꿈이 아닐까 싶을 정도로 아름다워서 떠나기가 아쉬웠어.

5월엔 모차르트 페스티벌도 있다는구먼. 아이고….

다니다 보면 황당하거나 난감하거나 아쉬울 때가 꽤 있었지만, 화가 나거나 짜증 나는 일은 없었어.

그리고 즐겁고 신기하고 감사한 시간은 너무나 많았어.

여행을 계획하면서 망설이기도 하고 걱정도 했는데, 안 했더라면 어쩔뻔했어. 정말 잘한 일이라고 생각해.

　이번에 용기와 감성을 다 쓰고 소진하리라 생각했는데, 치솟은 자존감으로 용기 백배, 감성 백배 충전되었어.
　그러니 어쩌겠어. 기회가 되면 또 나서보고 싶어. 몸과 정신이 허락해 주길 바라며.

뭐 어때

초판 1쇄 발행 2024. 10. 25.

지은이 장윤정
펴낸이 김병호
펴낸곳 주식회사 바른북스

편집진행 김재영
디자인 양헌경

등록 2019년 4월 3일 제2019-000040호
주소 서울시 성동구 연무장5길 9-16, 301호 (성수동2가, 블루스톤타워)
대표전화 070-7857-9719 | **경영지원** 02-3409-9719 | **팩스** 070-7610-9820

•바른북스는 여러분의 다양한 아이디어와 원고 투고를 설레는 마음으로 기다리고 있습니다.

이메일 barunbooks21@naver.com | **원고투고** barunbooks21@naver.com
홈페이지 www.barunbooks.com | **공식 블로그** blog.naver.com/barunbooks7
공식 포스트 post.naver.com/barunbooks7 | **페이스북** facebook.com/barunbooks7

ⓒ 장윤정, 2024
ISBN 979-11-7263-178-9 03810

•파본이나 잘못된 책은 구입하신 곳에서 교환해드립니다.
•이 책은 저작권법에 따라 보호를 받는 저작물이므로 무단전재 및 복제를 금지하며,
이 책 내용의 전부 및 일부를 이용하려면 반드시 저작권자와 도서출판 바른북스의 서면동의를 받아야 합니다.